世界标准育儿法
进阶版

[日] 船津徹 著

李佳莉 高原 译

中国轻工业出版社

目录

绪言	在世界竞争中生存的关键是自我肯定感	4

第一章 构建基本的信赖感

父母与孩子彼此信任的关系是自我肯定感的基础	14
40%的爱擦肩而过	20
构建能让孩子切实感受到爱的亲子信赖关系	26
撒娇是确认爱的行为	32
成功培养孩子自律性的诀窍	38

第二章 培养主动性以及社交性

少插手,满足孩子"我想要试试"的好奇心	46
让孩子做出选择并发展他们自己的个性	52
让孩子适应社会的最佳游戏有哪些	56
参加集体活动时需要注意的事项	62
怎样处理与母亲的道别	68

第三章 优势和勤勉性

发展孩子的优势和强项的必备诀窍	76
如何找到适合孩子的兴趣班	83
为什么让孩子参与竞争非常重要	89
找到优势科目的方法	95
提高孩子智力的关键是什么	105

第四章 世界各地的育儿理念

北欧:父亲参与育儿是理所当然的	114
法国:在餐桌上维系家庭纽带	120
美国:赞扬孩子以提升其自我肯定感	126
韩国:世界上最热衷教育,却有些力不从心	132
世界上自我肯定感最低的国家——日本的教育理念	138
获得两成诺贝尔奖,以彰显个性而闻名的犹太人的教育理念	144

第五章
谁都会出错！重点是把握差异

养育与教育的区别	152
过度保护与过度干涉的区别	158
纵容与满足孩子想撒娇心理的区别	164
父母分工不同	170
男孩与女孩的养育方法应不同	175
养育"兄弟姐妹"，方式各不同	180

第六章
如何应对"问题"孩子

如何搞定可怕的2岁	186
如何摆平不听话的孩子	194
对待不服输孩子的方法	200
如何帮助交不到朋友的孩子	206
如何帮助极其内向、畏首畏尾的孩子	212
如何安抚有暴力倾向的孩子	218

第七章
创造提高自我肯定感的环境

用孩子的照片、作品、奖杯装饰房间	226
通过提问，激发孩子独立思考	232
选择适合孩子的环境	234
调整生活习惯，在大自然里玩耍	238

结束语

244

绪言

在世界竞争中生存的关键是自我肯定感

新型冠状病毒肺炎疫情在全球肆虐，全世界的人都陷入了不安之中。

我在美国、日本、中国开设培养全球人才的补习班迄今已逾 25 年，期间始终和世界各国的父母们保持着紧密的接触。然而像今天这样，有如此之多的父母向我述说"不安"的情况却从未发生过。

曾获诺贝尔经济学奖的心理学家、行为经济学家丹尼尔·卡内曼[①]在与心理学家阿莫斯·特沃斯基[②]的共同研究中发现了现状维持理论[③]，这是一种即使知道改变现状更有利，却依然选择维持现状的心理状态。

因为变化伴随着风险和压力。人类出于本能，为了规

[①] 丹尼尔·卡内曼（1934年3月5日— ），生于以色列特拉维夫，著名心理学家。由于在期望理论方面的贡献，获得2002年诺贝尔经济学奖。于2011年出版了心理学畅销书《快思慢想》。—— 译者注

[②] 阿莫斯·特沃斯基（1937年3月16日—1996年6月2日），生于以色列海法，著名认知心理学家、数学心理学家，是认知科学的先驱人物。他与丹尼尔·卡内曼长期合作，发展出期望理论，研究人类的认知偏差以及如何处理风险。—— 译者注

[③] 也称"现状偏见"，是行为经济学期望理论（Prospect Theory，也称前景理论，视野理论）的重要组成部分。—— 译者注

避变化带来的风险会采取一种自我保护，即"现状维持"。很多人不接受变化，无意识地做出了维持现状的选择。

当下我们正面临着巨大的变化。为了"跨越"这一变化，适应这一变化，我们应该拥有一颗战胜"不安"的"坚强之心"。人的内心并存着不安和自信。虽然我们无法完全消除内心的不安，但可以通过增强自信来减少内心的不安。

现在，我们需要的是加强家庭的纽带，互相帮助，互相支持，互相鼓励，互相认可。没有什么比和睦、圆满的家庭更能稳定一个人的精神状态了。家庭成员间的彼此尊重能增强每个人的"安心感"，所有家庭成员也会更自信。这样全家人的思想和行动都会更积极，遇到困难和陷入逆境时，依然能保持自己的"坚强之心"。

同样，如果父母尊重孩子、接受孩子的真实情况，孩子就会有"自己是有价值的""自己被爱着""自己为父母所接受"这样的自信。

被爱和被接受的自信会带给孩子尊严和勇气，让他们能积极地行动。

绪言

由于自信心强大的孩子内心安心感的根基是"我自己可以""失败了也没关系",因此他们更具挑战的性格。即使这一挑战伴随着困难,即使是令人不愉快的事,他们也不会害怕,能够从容应对。因为他们百分之百地确信"自己是有价值的""总会有人接受我"。

现如今,无论孩子的目标是什么,都无法避免激烈的竞争和各种困难。制定的目标越高,竞争就越激烈,压力也越大。谁都会经历一两次巨大的失败和挫折,届时,把孩子从"倦怠"(Burn Out)状态中解救出来的就是自信。

自信的孩子拥有更强的"心理免疫力"。依靠"总有认可自己的人""总会有人接受我"这样的心理支持,孩子能克服各种困难。一旦帮助孩子建立起超强的自信心,他就会成长为一个以挫折为动力,披荆斩棘不断奋发向上的"健壮之人"。

未来是一个难以预测而又变化万千的时代。随着科学技术的急速发展,某些历史悠久的传统职业正在逐渐消亡。甚至有人预言,20年后现存的职业将消失90%!

虽然谁也无法准确地预测20年后的社会是怎样的。但唯一可以确定的就是——"全球化"正在进一步加速,人-货物-货币-信息流的交互作用将世界紧密地连接在一起。全球范围的交流在各个领域扩展的趋势已不可避免。

在高速的全球化进程中伴随着激烈的竞争。以前那些只在局部范围、国内范围的竞争也将扩展至全球。这种竞争不但涉及那些原本就在城市里从事"国际化"工作的人,而且那些之前被认为与全球化并不相干的领域,例如农业、渔业、林业,也都将卷入这场世界竞争之中。

育儿的目的是培养孩子的独立精神以及社会生存能力。那么在20年之后的世界竞争型社会中,孩子需要具备什么技能才能得以生存呢?

英语能力、思考能力、编程能力、沟通能力、学习各种新技能的能力……这些在网上四处传播的观念困扰着父母们。但父母们决不能被泛滥的信息所迷惑。无论社会竞争变得怎样激烈,培养面对困难依然能坚强走下去的孩子是亘古不变的育儿法则。这就需要培养"自我肯定感"。

所谓"自我肯定感",是指一个孩子具备"我是有价值的""父母是爱我的""我被父母所接受"的信心。如果孩子有足够的自我肯定感,即使是在竞争激烈的社会中,也能坚韧不拔地向着自己的梦想奋进。

正是由于有着这样的自信,给孩子带来了尊严与勇气,并让他们的行动变得积极向上。自我肯定感高的孩子,具备"我可以(我能做到)"的信念,因此他们可以挑战学

绪言

习、运动、音乐和其他任何事物。即便这份挑战伴随着困难与不愉快,他们也不会畏惧,迎难而上。

自我肯定感的基础水平和心理韧性(Resilience)的强弱成正比。心理韧性是心理学术语,简单来说是指当一个人直面失败、挫折等强烈压力时,所拥有的抗压力、抗打击能力、心理承受能力和恢复能力。心理韧性不仅代表像钢铁一样宁折不弯,也代表像竹子一样"千磨万击还坚劲,"即便面对挫折与失败依然能毫不气馁,进而不断地成长、变强。

自我肯定感强的孩子具有很强的心理韧性。由于有着"父母是爱我的"这样的心理支撑,以及怀抱着"自己是有价值的"这样的希望,因而有着强大的恢复能力。

想要在全球化竞争中生存就必须同时兼备挑战精神与战胜失败的心理韧性。这两个要素虽然看上去不同,但基础是一样的,都基于自信,也就是自我肯定感。

为了能在全球化的竞争中脱颖而出,最关键的就是要在孩子的婴幼儿期就为其奠定坚实、牢固和稳定的自我肯定感。如果孩子建立起了稳定的自我肯定感,在此基础上形成的挑战精神和心理韧性也会非常强大。而在这一基础之上累积的"学习""技艺""人际关系"等就能达到较高的水平。

在竞争型社会，摧毁孩子自信以及"拖后腿"的情况比比皆是。当孩子在经历挫折与失败时，父母应当明确地向孩子传递这样的信息，即"你很重要""你有你的价值""做你自己就好"。只有这样，孩子的内心才能得到必要而强大的支撑。

当今世界，智力和才能教育与自我肯定感培养之间的不平衡导致越来越多的父母认为"养育孩子实在太难了"。父母往往只重视孩子智力和才能的教育，而忽视了自我肯定感的重要性。如果支撑一个孩子学习各种技能的自我肯定感并没有随着智力和才能教育的进行而获得进一步巩固与发展，那么这个孩子的内心必将遭受极大的打击。因此只有培养孩子的自我肯定感，才能让智力和才能教育取得实在的成果。

每当我对前来咨询的父母提到"想培养出聪明、坚强的孩子，那就请好好培养孩子的自我肯定感"时，大部分父母都会对此不屑一顾。

他们常常这样回答我：

"这还用说吗？"

"我们已经给予了孩子充分的爱。"

"我们是在好好地培养孩子呀！"

绪言

我相信所有父母都是爱着自己的孩子，并且对孩子的抚养倾注了大量的爱意。但是，父母觉得孩子知道"我们爱着你"，与孩子真正从父母那里真实感受到被爱，完全是两回事。

无论父母想要给孩子多少爱，如果孩子从父母那里得不到被爱着的切实感受，就无法产生自己是被爱着的自信。这种亲子关系就会保持在一种不稳定的状态，孩子的自我肯定感也必将贫乏、脆弱。我把这种情形称为"爱的擦肩而过"。即便父母倾注了百分之百的爱，但如果孩子只感受到其中的10%，那么就会引起"和爱擦肩而过"，进而无法培育出孩子的自我肯定感。在育儿过程中，培养孩子"被爱着的真实感"是最重要的。

孩子无法切实感受到来自父母的爱的原因，虽因家庭、地域、国家、文化而各不相同，但共同点是"传达爱意的方式跟不上社会发展的步伐"。很多父母在如何向孩子传递爱意方面还是个小学生，孩子无法从父母那里得到切实被爱着的感受。这也就导致了全世界的父母都陷入了"养孩子难""不知道怎么培养比较好"的困惑。

本书将围绕如何培养孩子的"自我肯定感"这一主题，并讨论"如何让父母的爱百分之百传递给孩子""如何让孩子百分之百切实感受到父母的爱"。书中将分步说明在瞬息万变的现代社会中如何有效地向孩子传达情感。

无论世界怎样变化，无论是过去还是现在，养育孩子真正需要的就是这么"一点点"，这就是本书将要介绍的培养自我肯定感和自信心。请一定要读一遍。

船津彻

2020 年早春

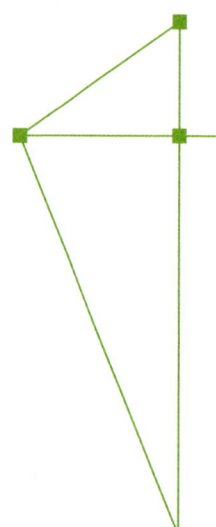

第一章

构建基本的信赖感

父母与孩子彼此信任的关系是自我肯定感的基础
40%的爱擦肩而过
构建能让孩子切实感受到爱的亲子信赖关系
撒娇是确认爱的行为
成功培养孩子自律性的诀窍

父母与孩子彼此信任的关系是自我肯定感的基础

每个人都生而带有想要被爱、想要被接纳的欲望。在婴幼儿期这一欲望得到充分满足的孩子，可以获得"自己被爱着"的自信和"自己被接受了"的安全感。反之亦然。

培养孩子自我肯定感的第一步就是充分满足其被爱、被接纳的诉求。说起来简单，但实践起来并不容易。毕竟对方有可能是不会说话的小婴儿。所以，如何来判断孩子切实感受到了爱呢？什么人、怎样的接触才能使小婴儿能"实实在在地感受到爱"呢？

想要知道答案就必须先了解一下什么是催产素。它被称为"爱的激素""信赖的激素"。催产素是脑垂体分泌的一种激素，有着感受爱，治愈心灵，使人感到幸福的效果。这种激素在女性生产和哺乳时大量分泌，是使母亲觉得婴儿"惹人怜爱""让人想要守护他""他不可替代"的母性之源。

虽然催产素是母亲在照顾孩子时大量分泌的，但实际上被照料的小婴儿也会分泌。母亲对婴儿的爱意不断加深，不但会促进自身催产素的分泌，也会使被爱着的婴儿分泌更多的催产素。总而言之，催产素对巩固母子之间的信赖关系起协调作用。小婴儿在母亲温暖的怀抱中，一边听着胎儿时期就耳熟能详的心跳声，一边喝着母乳，其心情愉快，安全感和幸福感也油然而生。这就是"实实在在地感受到幸福"的状态。母子之间只要多拥有这种幸福时光，双方都会成为催产素易分泌者，建立起无法磨灭而又坚固的"母子之绊"。

婴儿被母亲抱在怀里会感觉很舒服，会分泌催产素。催产素分泌后会感到幸福。各位读者现在能理解"切实感受到爱"的过程了吗？

读到这里，大多数的读者不禁要问："让婴儿感到爱的只能是妈妈吗？""爸爸、祖父母难道就不能让婴儿感受到爱吗？"

美国心理学家欧内斯特·希尔加德博士认为依恋理论（Attachment Theory）可以很好地回答这个问题。这一理论最重要的原则是，幼童因社会与情感的需求，至少与一名主要照顾者发展出亲近关系，否则将造成其心理与社交功能的不健全。此理论由英国精神病学家、精神分析学家约翰·鲍比提出。

因此欧内斯特·希尔加德博士认为，只要满足了"亲密且固定照顾婴幼儿的人"这一条件，依赖的对象可以是父母以外的任何人。换而言之，无论是母亲、父亲还是祖父母，甚至是完全没有血缘关系的保姆，都可以成为幼儿的依恋对象。

欧内斯特·希尔加德博士的理论深受广大教育工作者的支持，我也没有异议。母亲以外的人，例如父亲与婴儿相互接触也能促使双方分泌催产素，这从科学角度也充分证明了父亲与婴儿之间完全可以架起爱的桥梁。

本书的论题是"充分培养自我肯定感"，所以我们有必要进一步思考：对于婴儿来说，谁是"最有影响力的养育者"。

答案正如各位读者所料，是母亲。对于婴儿来说，没有什么能比母亲对其的刺激更具影响力了。理由很简单，因为婴儿在出生前就在母亲腹中度过了10个月左右的时间。在腹中与母亲紧密相连，听着母亲的心跳声，被母亲羊水的味道围绕着长大。各种研究都表明，母亲对婴儿的影响最大。我们将在下文介绍几种具有代表性的研究结果。

加拿大蒙特利尔大学对出生24小时内的新生儿的脑电波进行了分析，结果显示他们能够分辨出母亲的声音和护士的声音。在这项研究中，选择和母亲声音相似的护士，自婴儿在胎内的时候就开始定期和母亲对话，间接地让胎儿听到护士的声音，所以对他们而言护士的声音不是"第一次听到的声音"。尽管如此，小婴儿还是对母亲的声音有更强烈的反应。

2015年美国哈佛大学团队进行的研究表明，母亲的声音能促进早产儿脑部发育。此研究将21名早产儿分成两组，一组让婴儿们听母亲的声音，另一组让婴儿们听医院设施的声音。结果显示，听着母亲声音长大的婴儿其大脑听觉皮层（声音、语言记忆区域）比听医院设施声音的婴儿更发达。

美国斯坦福大学在2016年进行的实验则是让24名7～12岁的孩子随机听母亲与陌生女性的声音，然后对他们进行大脑状况的研究。孩子们听到的不过是"a""mu"等没有意义的词语，但他们不到1秒时间就能分辨出母亲的声音，且正确率高达97%。

进一步分析脑内成像，听到母亲声音时，孩子大脑识别声音的听觉系统、支配情感的区块、感觉喜悦的区块等所有与社会活动相关的区域全在一瞬间接收到信号刺激，并做出反应。

进行这项研究的丹尼尔·艾布拉姆斯教授说："一个孩子关于人类的社会生活、语言能力、感情的培养等大部分技能都是通过聆听母亲的声音习得的。但是我们对于这一如此重要的声源在脑内是怎样产生影响的却知之甚少。母亲的声音是如何快速地传达到孩子大脑内这些重要区域的呢？实在是令人震惊。"

美国威斯康星大学的莱斯利·萨尔茨教授的实验则是给予 7~12 岁的孩子们刺激之后，让他们听母亲的声音。结果表明，与未听到母亲声音组相比，听到母亲声音组的孩子们能分泌更多的催产素，从而帮助其缓解压力。

母亲的影响力之大并不只表现在声音（听觉）上，婴儿的嗅觉系统也对母亲有着很强烈的反应。在初生婴儿脸的一侧放置浸过生母母乳的纱布，另一侧放置浸过其他女性母乳的纱布，婴儿选择将脸朝向浸过自己母亲母乳的纱布。就算多次交换两种纱布的位置，婴儿也压倒性地选择将脸朝向浸过自己母亲母乳的纱布。

众所周知，在所有动物中，人类是以最未成熟状态出生的，是本应在母腹中处于被保护状态，却被生出来了的"腹外胎儿"。同样是哺乳动物，无论是狗、猴还是马，出生的瞬间就能迈出步子。人类要是在母亲的腹中待到能走路才出生的话，则会因脑袋太大而生不出来，所以人类婴儿必须在 40 周左右出生。

因此，婴儿大约一岁半之前，即能自己走路、能吃固体食物之前的这段时间,看作是在母亲腹中的延续,并用母亲的保护和爱来守护婴儿是必要的。

　　从母亲腹中全身都受到温暖呵护的状态,到以发育未完全的姿态降生到这个世界,婴儿被不安和恐惧包围着,因而胆战心惊。而母亲的身体有着缓解婴儿这种不安的功能。在婴儿出生后至3个月左右,母亲胸部的体温比其他部位高1~2℃,能更好地给予婴儿温暖。婴儿在母亲温暖而柔软的怀抱中,听着母亲的心跳,喝着母乳,感觉身心愉悦,催产素大量分泌。由此,婴儿也就有了"被爱着,被接纳的真实感"。

> 每个人都生而带有想要被爱、想要被接纳的欲望。培养孩子自我肯定感的第一步就是充分满足其被爱、被接纳的诉求。被称为"爱的激素"的催产素的分泌,能使人获得幸福感。而母亲在这方面对婴儿的影响无疑是最大的。

40%的爱擦肩而过

毋庸多言,母亲是让婴儿切实感受到爱的合适人选。但由于社会的价值观已转变为经济至上主义、效率主义,所以年轻妈妈们对育儿也变得没有信心。在美国、日本进行的调查结果显示,10%~20%的母亲觉得自己并不为婴儿所依赖。

对婴儿来说,对其影响最大的母亲若因压力太大、心理不安等因素无法觉得自己孩子可爱时,就可能会增加母亲对婴儿的负面影响。

美国密苏里大学、北卡罗来纳大学、宾夕法尼亚大学于2018年发表的研究称,就算得到了母亲的照顾,仍有约40%的婴儿没有形成"健全的依恋关系"。该研究测定了母亲在安抚哭泣婴儿时的心跳与情感的起伏,结果显示,安抚婴儿时母亲的心率与情感变化越少(情感变化较为冷淡),孩子未形成健全的依恋关系的倾向就越高。

即使主要养育者是母亲,仍有约40%的婴儿未与母亲形成健全的依恋关系,这一事实是现代社会的一大问题。

所以就算跟母亲强调说"接触孩子时再多带点爱意",也不能解决问题。

尽管每个母亲在主观上都想爱自己的孩子,但是分娩后体内激素紊乱引起的身体不适,或者由于哺乳和孩子夜间哭闹而使母亲感到精疲力竭等因素,导致母亲并没有满怀爱意地来照料孩子,继而"爱的激素"的催产素会分泌不足。这也就是为什么她就算想宠爱自己的孩子,却依然"感觉不到孩子的可爱"。

导致这一情况的根本原因是养育方法不当。产后身体不适、精神不稳定的母亲不必过于自责。责备自己是个"坏妈妈"不但于事无补,反而会进一步摧残母亲的精神状态。

在母亲爱意不足的情形下,父亲、祖父母的大力支持与帮助就显得极为重要。家务、育儿的琐事不应只由母亲来承担。换尿布或纸尿裤、帮忙洗澡、洗涤堆成山的衣物、准备餐食、收拾碗筷、打扫屋子,这样的家务活就请父亲、祖父母一起来分担吧!

<u>父亲参与育儿能强化与婴儿的信赖关系。</u>催产素不是女性特有的激素。父亲与婴儿接触之后也会分泌催产素,使父亲产生"这孩子真可爱,让我来守护他(她)吧"的心理。

所以当婴儿夜间醒来哭闹时,父亲们不妨尝试代替疲

惫的母亲，通过用奶瓶喂奶等行为构建父亲与婴儿的信赖关系。

美国发展心理学家沃纳与临床心理学家史密斯在1955年对夏威夷可爱岛（Kauai）出生的698名孩子进行了长达40年的追踪调查。调查结果显示，来自"问题家庭（贫困、父母不和、离婚、父母精神病等）"的孩子们，可健全成长发育的只占1/3。这些在家庭环境不佳的情况下却依然能健康成长的孩子们的共同点就是，他们与非父母照顾者（例如阿姨、保姆或老师）有着牢固的牵绊与依赖关系。

如果作为关键角色的母亲累了，就有必要借助父亲、祖父母、保姆的帮助。为了让母亲温柔地抚育孩子，请大家协力守护并支援母亲。

母亲在产后2个月左右会陷入"我不觉得自己的孩子可爱"这一精神状态。母亲分娩后除了要面对激素变化和身体损伤外，还要负责给婴儿哺乳、安抚、换尿布或纸尿裤这样的具体事务，再加上持续的睡眠不足，任何健康人都会在这种情况下处于难受、疲惫的抑郁状态。

值得注意的是，对待育儿一丝不苟的母亲，拼命三郎型的母亲和追求完美的母亲这时往往只会自责，而不是寻求他人的帮助。为了释放压力，请密切地与伴侣、家人沟通交流，必要时请毫不犹豫地向他们求助。

有以下迹象的母亲请立即与伴侣、家人沟通。如果沟通后也无法得到改善，建议咨询儿科医生。

- 对婴儿（育儿）不感兴趣
- 不觉得孩子可爱
- 非常难过地流泪
- 心情低落，做什么都提不起精神
- 睡眠不足，身心极度疲惫
- 烦躁

另外，如果母亲的表情阴沉，无精打采，情绪低落，毫无干劲，对婴儿反应冷淡，表现反常，即便母亲没有寻求帮助，也请父亲、家人给予她如下帮助：

(1) 告诉她不要太过拼命，并协助她处理家务、参与育儿。

(2) 让母亲有恢复体力和精力的休息与睡眠时间。

(3) 父亲支援育儿，缓解母亲的精神和身体负担。

(4) 密切与母亲沟通，谈心，倾听。

(5) 若母亲症状无改善，应咨询医生。

分娩后每个母亲都或多或少会有焦虑的症状。所以不要因产后压力、身体状况不佳或睡眠不足而责备自己"我怎么能产生不觉得自己的宝宝可爱这种想法呢"。

作为"爱的激素"的催产素，会随着母亲与孩子的不断接触而增加分泌量。母亲回应孩子释放的信号（通过用哭、笑、闹、呀呀声来传达），而孩子会对母亲的刺激做出反应，这些母子互动都有助于双方形成催产素易分泌体质。

另外，由于催产素是在感到"幸福""心情愉悦"时分泌的，所以打造一个让母亲感到放松的环境十分重要。母亲如果终日被束缚在育儿里，压力会逐日增加，所以请定期从育儿里解脱出来，与伴侣、家人、朋友们一起度过快乐的时光吧！

以下将介绍一些促进催产素分泌的方法，请试着实践。

- 增加与伴侣的接触与对话
- 吃喜欢的食物
- 拥抱
- 精油香熏
- 与宠物互动

・给孩子做抚触按摩（比起被按摩，按摩的一方会分泌更多的催产素）

即使是现在还在为"不觉得自己孩子可爱"而烦恼自责的母亲，也不必过于担忧。只要增加与孩子的肢体接触，就会促进催产素的分泌，加深对孩子的爱，并构建牢固的亲子依赖关系。所以不必慌张，不用焦虑，现在就增加与孩子的舒适接触，将快乐时光铭记于心吧！

在母亲爱意不足的情形下，尤其是有产后抑郁的母亲，父亲、祖父母的大力支持与帮助就显得极为重要。父亲参与育儿能强化与婴儿的信赖关系。

构建能让孩子切实感受到爱的亲子信赖关系

培养孩子自我肯定感的起点是在孩子婴幼儿期向其输入大量"被爱着、被接纳的切实感受"。本节主要介绍让孩子强烈而切实地感受到父母之爱的具体方法。

婴儿通过五官：眼（视觉）、耳（听觉）、鼻（嗅觉）、嘴（味觉）、皮肤（触觉）来感受爱。新生儿阶段，四种感官（眼、耳、鼻、嘴）尚未发育完全，接收信息能力最强的是皮肤。为了让孩子能感受到爱，必须重视对其皮肤进行适度刺激。

告诉孩子你爱他的最好方法是肌肤接触。让婴儿的皮肤与母亲的胸部紧密接触，挺胸，贴着孩子的脸颊，摸摸头、揉揉背，按摩手臂、脚和肚子，母亲的肌肤与孩子的肌肤相接触时产生的快感刺激是最有效的爱的传输渠道。

母亲对孩子怀有爱意是亲子接触传递爱的基础。冷漠的接触，没有灵魂的接触，枯燥无味的接触并不能将爱传达至孩子内心。这也是为什么无论多尖端的智能机器人都无法养育孩子的根本原因。

最新研究表明，舒适的肌肤接触能缓解母亲的压力，增加催产素的分泌，能在一定程度上缓解产后抑郁。也就是说，母亲与孩子进行"心情舒适的肌肤接触"时，会促进自身催产素的分泌，对孩子的爱意也就随之增加。

母亲们不必抱有"要传达爱""要带着爱意接触"这样的压力。只要能做到舒适的肌肤接触，就能向孩子传达爱意。与孩子接触时，只需下意识地按照以下的"五官刺激"原则实施，就会使爱的传递效果倍增。重点是母亲必须感觉到心情好、愉悦而舒适。只有母亲保持愉快的心情，才能促进催产素分泌，才能有效地向孩子传达爱意。

- 视觉：母亲温柔的表情与微笑
- 听觉：母亲带着爱意的声音（有语调的声音）
- 嗅觉：母亲的气味
- 触觉：母亲温柔的抚摸与舒适的接触

哺乳、换尿布或纸尿裤、换衣服、洗澡时，就是创造与孩子舒适接触的大好机会。与孩子一边眼神接触，一边说"特别喜欢我们家宝宝""因为宝宝的出生妈妈特别开心""你就是妈妈的宝贝"这样充满爱意的话，抱着孩子，温柔地抚摸，更易分泌催产素。

触摸时，请按舒适的方向移动触点。脸、背从上至下抚摸，从脖子开始抚摸经过肩膀直至手腕，头发则是由发根到发梢。关于舒适度需要补充的一点是，婴儿的尿布与贴身衣物，选用质地柔软的材料能使其大脑血流量变化更大，因而更具舒适感。所以接触孩子肌肤的用品，请尽量选择柔软舒适的材质。

另外，白天的时候孩子大脑活跃，傍晚时副交感神经占优势，在此时进行肌肤接触取得的效果会更好。孩子开始犯困时，洗完澡身体放松，捏捏背、揉揉腹部，做一些轻松舒适的抚触，即使时间不长，也能让其切实地感受到爱。

肯定会有"担心一整天都抱着宝宝会使其养成一直要抱着的癖好"的人。婴儿渴望被抱着是为了确认被爱着的自然需求。如果放任其哭泣不管，孩子得不到"被爱着、被接纳的真实感"，其内心是不安空虚的，反而可能成为永远离不开母亲的孩子。

请允许我再次强调，在孩子能靠自己的双脚行走之前，请把他当作"腹外胎儿"来对待。将这一成长期作为在母亲肚子里的延续，满足其需求，给予其安全感。不管如何担心孩子会养成离不开怀抱的癖好，只要到了能独立行走的1岁前后，孩子就会说"放我下来"。请放心，没有一辈子都要求抱的孩子。

在孩子能行走之前充分地抱他，并不意味着在其能走之后就没必要抱他了。<u>如果孩子在学习自立的过程中陷入不安</u>，是很危险的。对于年幼的孩子来说，即使在短短的一天之内也会经历兴奋活跃与焦虑不安的情绪起伏。

孩子在情绪低落时，一定会释放出不安的信号，如频繁眨眼睛、不想去某地就磨磨蹭蹭、缠着妈妈、采取反抗的态度或举止反常。

这时就需要用"舒适的肌肤接触"来补充爱。抱着孩子紧贴自己、放在自己膝上玩耍、一起读书、陪着睡觉、给他洗个澡、揉揉肩膀与后背。这些让孩子心情愉悦的接触，能很快地矫正孩子的奇怪行为。

虽然肌肤接触在孩子出生后的一年半之内最有效，但不管孩子到了几岁，肌肤接触都能很有效地促进催产素的分泌。当孩子出现不安迹象时，请用肌肤接触来补给爱。

随着女性社会地位的不断提高，产后选择继续职业生涯的职场妈妈越来越多。但是职场妈妈们很多都担心没有足够的亲子时间，请注意，爱在于质而不在量。

一整天都抱着孩子未必会分泌更多的催产素。如果和孩子在一起时，母亲在考虑其他事情，把注意力集中在手机或者电视上,是不会分泌催产素的。请牢记,催产素的分泌依靠与孩子愉快的肌肤接触。

当进行舒适的肌肤接触时,孩子的催产素分泌会在 10～15 分钟内达到峰值,此后就算暂时没有接触也会保持心情舒畅的状态。1 小时后催产素开始减退,只要再次执行"舒适的肌肤接触",就能维持较高的催产素水平(切实感受到爱的状态)。就算母亲无法总和孩子待在一起,也能使孩子感受到爱意。重点是分辨孩子的精神状态,在他感到不安与寂寞时,就与其进行"舒适的肌肤接触"吧!

并不是只有母亲能分泌催产素,父亲接触孩子时也能起到同样效果。父亲参与育儿也能增加"切实感受到爱"的体验。但父亲的接触方法与母亲有所不同。父亲很少以温柔的肌肤接触这种方式分泌催产素,但可以通过游戏或运动的方式积极地与孩子接触,以促进催产素的分泌。

比如躲猫猫、举高高(不可以往上扔)、在洗澡时玩耍,以各种活动身体的游戏与孩子玩耍。父亲只要增加与孩子玩耍的机会,就能分泌催产素,对孩子的爱意逐渐加深。届时即使母亲不说"你偶尔也试着照顾一下孩子吧",父亲也会自觉自愿地腾出时间陪孩子。

告诉孩子"我爱你"的最好方法是充满爱意的肌肤接触。

舒适的肌肤接触能缓解母亲的压力,增强对宝宝的爱意。

父亲可以通过增加与孩子玩耍的机会,传达对孩子的爱。

撒娇是确认爱的行为

为了确保孩子身心健康地成长,就必须在孩子的人生初期就给予其满满的爱。婴幼儿期在父母的关爱呵护下长大的孩子,拥有易分泌催产素的体质,且情绪稳定。在这期间,如果父母能够正确地接受孩子发自内心的表达信号,就能与其建立稳固的基本信赖感,帮助孩子满怀自信地踏上自立的道路。

话虽如此,但毕竟孩子还小,在成长过程中难免会感到不安、恐惧、踌躇不前、不知所措。特别是当环境变化、被迫改变习惯时,孩子就会用撒娇的方式把自己的不安表达出来。

大部分父母对"撒娇"这个词印象不佳。但是孩子不经历用撒娇这一方式满足需求的阶段,就无法进入自立阶段。撒娇就像是踏入人生新阶段的仪式。

孩子说"妈妈抱"，是为了确认父母的爱。这个时候如果父母一边回应"超级喜欢我们家可爱的宝宝"，一边紧紧地抱着并亲亲孩子，他就能因切实地感受到父母的爱而安心。确认了"妈妈爱我"，其内心就会涌现出勇气，能够适应新环境，也愿意接受管教、改变不良习惯。

断奶期的孩子通常会出现吮吸手指的现象。这是一种无意识行为，表明孩子正试图寻找某种能代替母亲触感的替代品，借此掩盖离开母亲的不安。这种替代品可能是毛巾、毛毯或是其他任何能让孩子产生安全感的东西。如果母亲对此信号做出适当的反应，给予充分的爱，孩子就不会对毛毯、毛巾这类物品产生过度依赖。孩子一旦养成了这种"物品依赖"的习惯，如果父母强行夺走物品或试图强行改变这种习惯，反而有可能导致孩子永远都改不掉这种习惯。

另外，当孩子能独立行走，能熟练地控制自己的身体，能使用语言表达自己的想法时，来自孩子的"反抗"就会越来越多。明明之前一切都依赖母亲，现在却什么都想自己来。接着，孩子会不再听从母亲的指挥，开始磨磨蹭蹭、耍赖、顶嘴，说几句讨人嫌的话。

以上被称为第一反抗（叛逆）期，是孩子迈向自立的一步。这个时期孩子所展现出的反抗其实是"撒娇"的另一种表现方式。自己什么都想尝试一下，但是离开母亲又会很不安；想自己做做看，但是又没有自信能做好。这种矛盾的心情导致心烦意乱、精神不安，于是孩子就时常会用反抗的行为来表达想要撒娇的心情。

如果把孩子的这种行为看作是任性或是不听话，进而训斥或严厉批评教育的话，他会以更加激烈的行为反击。这种反抗不仅在幼儿期，在儿童期和青春期等也会出现。再次强调，孩子情绪不稳定时，其反抗行为很可能是撒娇的表现。

当然，叛逆期孩子的行为举止会让母亲烦躁不安。不要被这种叛逆的言行耍得团团转。把一切的反抗根源都看作是"想要撒娇"，就会觉得即便孩子说了招人厌的话也是挺可爱的。如果母亲能在孩子身旁密切关注，给予守护，以深厚的爱意对待，孩子就能立刻获得安心感和安全感，叛逆也会平息。

相反，在叛逆期，如果想撒娇的心情无法得到满足，就会动摇孩子"被爱着、被接纳"的自信。这可能会导致各种弊端，包括叛逆期延长、孩子无法独立、孩子无法与朋友建立良好的关系等现象。孩子发出撒娇的信号时，应及时强化其自我肯定感。别忘了我们百试百灵的好办法——通过肌肤接触让孩子切实感受到爱。

父母的情绪不稳定会导致孩子情绪的不稳定

当孩子想要撒娇时,作为关键角色的母亲的情绪却不稳定,那么此时就不是让孩子撒娇的好时候。在母亲烦躁时还想着一定要履行"肌肤接触"的义务,这时无论抱多久孩子,都不会分泌催产素,孩子的精神世界也无法得到治愈。

孩子看着情绪不稳定的父母,一般都会陷入与父母相同的心理状态。父母的烦恼因人而异,可能是源于自己或是伴侣工作上的不顺心,或者是夫妻或家人关系不和睦。总之,每一位背负着压力、生活于竞争中的父母都不容易。

但是孩子的成长可不会等待父母情绪变得稳定。孩子的撒娇与反抗是为了实现自立而内心纠结的表现。在实现自立的临界期里,感到困惑的不仅是父母,孩子也在应对环境变化和行为习惯改变所带来的不安与恐惧。

如果父母因孩子的言行而感到烦躁,就请深呼吸,平复心情。想象可以让自己放松心情的风景,或许你就能在极短时间里平静下来。人的身体对心理变化会有惊人的反应。孩子不听话时的急躁情绪,也会根据母亲的感受传递给身体。

母亲情绪稳定，取决于自身如何感受外界的刺激与压力。情绪频繁不稳定的母亲，请试着转变自己的感知方式。当你烦躁或是感到焦头烂额的时候请切换心境，感受当下或想象能让自己平静的场景。也可与伴侣或家人谈谈心，稍稍从育儿中抽离，享受只属于自己的时光。请记住，心情愉悦才能分泌催产素。

埃里克森的社会心理发展理论

人类的成长具有阶段性特征，在每个阶段都面临并克服新的挑战。每个阶段都建构在成功完成较早的阶段任务的基础之上，如果未能成功完成本阶段的挑战，则会在将来再次造成问题。这就是美国著名发展心理学家埃里克森提出的"生命周期论（或称为发育阶段论）"，也被称为社会心理发展阶段。具体可见下表。

年龄	自我品质	社会心理危机	显著关系	存在问题	例子
0～1岁	希望	信任对不信任	母亲	我能不能信任这个世界	喂食、遗弃
2～3岁	意志	自主独立对羞怯怀疑	双亲	我可不可以成为我自己	如厕训练、自行着装
4～5岁	目的	主动对内疚	家庭	我自己做，自己行动是可以的吗	探索、使用工具或创作艺术
6～12岁	能力	勤奋对自卑	邻居、学校	我能不能为全世界做点什么	学校活动、运动
13～19岁	忠诚	自我同一性对角色混乱	同学、模范	我是谁？我能成为谁	人际关系
20～24岁	爱	亲密对孤独	朋友、伴侣	我能不能去爱	亲密关系
25～64岁	关怀	繁衍对停滞	家庭成员 工作伙伴	如何完成我认可的人生	工作、伙伴
65岁以后	智慧	自我调整对绝望	人类、我的同类	对于成为我自己的过程是否满意	回顾人生

从埃里克森的生命周期论来看，可以理解孩子为什么"撒娇"和"反抗"。比如说，0～1岁是克服"基本的信赖感"这一课题的时期，如果不能很好地克服这个问题，就会埋下"不信任"的种子。2～3岁是克服排泄与断奶等"自律性"课题的时期，如果没能顺利通过，便会埋下"羞耻心"的种子。

埃里克森提出孩子的发育阶段与其发出"撒娇""叛逆"信号的时期几乎一致。父母应该做的就是在孩子的各个发育阶段，满足其想要撒娇的心理。如果能确认父母的爱，孩子就能朝着下一个阶段发起挑战。

成功培养孩子自律性的诀窍

按照埃里克森的理论,在获得基本信赖感之后需要克服的课题就是"自律性"(其实这两个课题几乎发生在同一时期)。具体来说就是,饮食上由母乳过渡到普通食物,行为上自己能上厕所,孩子逐渐获得控制周围事物的能力。

能否养成自律性,是关乎孩子是否具有自我肯定感的重要课题。特别是培养"可以自己上厕所"的成就感是极为重要的一步,父母需要及时表扬孩子自己会上厕所了,因为这与孩子的自信相关。如果孩子反复经历如尿床这样的失败,就会瓦解已经积累起来的自我肯定感。对于这一点,父母必须引起注意。

丢掉尿布或纸尿裤在厕所排泄,对孩子来说意味着"变更习惯"。改变习惯将给孩子带来极大的不安。成年人在面对搬家、跳槽等环境变化时尚且会感到不安与恐惧，更何况是一个孩子。这种改变对孩子所造成的不安与恐惧比成年人想象的还要大。

在理解了孩子这种不安的心理基础上，关键是要让孩子像接受、适应习惯的改变一样顺利地养成自律。

孩子习惯于接受正面刺激而拒绝负面刺激。简单来说就是孩子能通过正面刺激获得"快感"；相反，负面刺激获得的是"不快感"。抱抱孩子并对他说"爱你"是正面刺激，斩钉截铁地说"讨厌"是负面刺激。与养成自律性相伴随的负面刺激就是"变更习惯"。

在帮助孩子应对控制排泄这一负面刺激的时候，父母应给予孩子接受此刺激的心理空间，也就是让孩子放轻松。多给孩子一些能让他心情变好的肌肤接触，试着在他心情好的时候进行如厕训练。

最近很多前来咨询的父母说孩子的如厕训练异常艰难。现在的纸尿裤改良了，孩子使用时也不会像以前的布尿布那样感到不舒服，这可能是越来越难以戒掉纸尿裤的原因之一。

既然我们已经知道了孩子会拒绝"不快感"，那不妨就利用这种心理来帮助他们戒掉穿纸尿裤的习惯。也就是让孩子感受一下布尿布带来的肌肤的不适感，在反复几次排泄在布尿布里并感到不舒服之后,孩子就能记住去卫生间解决的"快感"。这样就能让孩子理解即使开始带着"不快感",之后却能获得"我能行"的巨大成就感。

当然如果没有过渡期,直接让孩子用布尿布的话,他们可能会被吓到。所以应事先教给孩子如厕方法,让他们试着坐坐马桶,引导其逐渐适应。

首先,让孩子早、中、晚在规定的时间段里坐在马桶上,一边"嘘"一边试着排泄。如果能尿出来请稍微夸张地夸孩子:"好棒!你自己也可以的。"

对做得不好的孩子请不要训斥或者露出不开心的表情。每个孩子都有自己的成长步调。在进行如厕训练之前,要辨别出孩子是否身心都做好了准备,等到他们准备充分时再进行训练极为重要。

断奶与如厕一样。因为这也是孩子日常生活习惯的改变,所以也不是轻易就能做到的。进一步说,母乳给予孩子的不仅是营养,更是一种接触到母亲肌肤的愉悦感,是一种心灵滋养。所以对于孩子的断奶训练,需要父母投入更多的关注与心血。

哺乳期有长有短,没有规定说必须母乳喂养到什么时候。一般来说孩子可以自由活动,差不多长齐牙齿,即15~18个月就可以完成从辅食到普通食物的转变。

从辅食渐渐过渡为普通食物，吃着充满母爱的料理，内心的空虚可以被"美味"这一正面刺激填满。虽然断奶对于孩子来说是巨大的负面刺激，但如果能让孩子了解到母亲为他做了美味的食物，孩子就会渐渐接受断奶。

断奶不仅代表着和母乳说再见，更代表着按照自己的意愿行动，离开母亲向自立迈出了很大的一步。如果孩子还没有做好离开母亲的心理准备，或是喝着母乳才有安全感，此时不要着急断奶，一直给孩子喂奶，直到孩子内心得到满足为止。随着身体的成长，孩子的心理也会跟着成长，并能够以其他方式使自己平静下来，而无须依靠母乳。

到孩子成长为可以吃一般的食品，差不多可以断奶的时候，得和孩子解释清楚断奶这件事。可以简单清晰地说："宝宝已经可以吃大人们的饭菜了，是时候和妈妈的'奶奶'说拜拜了。"内心得到满足的孩子会意识到自己应该断奶了，于是接受断奶这个提议。

断奶应该选在孩子状态好的时候。孩子午睡醒来，喂奶和辅食，向其传达"从此就得和妈妈的奶说再见了"，然后再喂一次奶，孩子接受的话，就抱着孩子回应他："宝宝真了不起，以后要多吃点妈妈做的好吃的饭菜。"

如果孩子说"不要"，此时为了让孩子安心，需要回应"好吧，宝宝还想吃妈妈的奶"这种表达接受孩子的话。

千万不要强迫那些无论如何都不肯断奶的孩子，因为断奶对于孩子来说意味着离开母亲，孩子的内心承受着很大的负担。为此需要给予孩子能克服压力的快感刺激，尽可能地多关爱孩子。

来自于母腹、降生于这个世界，从母乳到固体食物，从纸尿裤到内裤，从家庭到家庭外，自出生开始的短短一年里，面对着瞬息万变的外界环境，孩子的内心一定充斥着焦虑与不安。所以请不要忘记，尽可能多地给予孩子正面刺激！只有在孩子内心充满了父母的爱时，才是培养其自律性（断奶、如厕训练）的好时机。

若孩子接受断奶、如厕训练等，请用"宝宝可以自己尿尿了，真了不起""宝宝已经可以不喝妈妈的奶了，真棒"等认可的话来鼓励孩子。这样，孩子就可以勇敢地挑战"自律性"这一课题，并获得成功。

培养孩子自我肯定感的第一步就是充分满足其被爱、被接纳的诉求。能否养成自律性,是关乎孩子是否具有自我肯定感的重要课题。只有孩子的内心被父母的爱填满时,才是培养其自律性(断奶、如厕训练等)的好时机。

大部分父母对"撒娇"这个词印象不佳。但是孩子不经历撒娇,就无法进入自立阶段。因此在孩子发出撒娇信号时,父母应及时满足其需求,强化其自我肯定感。

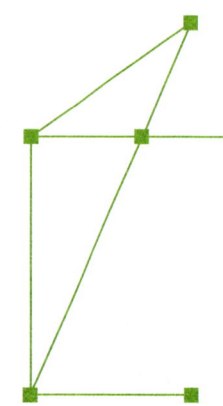

第二章

培养主动性以及社交性

少插手，满足孩子"我想要试试"的好奇心
让孩子做出选择并发展他们自己的个性
让孩子适应社会的最佳游戏有哪些
参加集体活动时需要注意的事项
怎样处理与母亲的道别

少插手，
满足孩子"我想要试试"的好奇心

2～3岁的孩子会萌生出"我想要试试"的好奇心，这是他们人生中好奇心最旺盛的阶段。比如打翻垃圾桶、撕书、扔掷食物、在墙上涂鸦、把东西插在插座里、把玩具扔到厕所里、跑来跑去、大声喊叫等捣蛋行为。

2～3岁的孩子，身体变得越来越灵活，并且能记住大量的词汇，更能充分表达自身的情感需求。这时候孩子们就开始了自己的"试验"。从身边的人和物开始，他们会试图了解自己做什么样的事会引起什么样的反应，什么事物能对自己产生何种影响，等等。

例如：好奇自己的行为能引起对方怎样的回应，也会试着用各种方法弄坏东西，试图表现自己，尝试不同的情感表达方式，探索让大人满足自己要求的方式，试探所有事情的界限，等等。总之，孩子会做各种各样的"试验"。

同时，这个时期也是他们开始学习社交规则和如何与人相处的最佳时机。因为孩子想要毫无顾忌地尝试一切，父母却试图约束他们的行为，这样的矛盾冲突必定会引起他们的反抗心理。无论父母说什么，孩子都反抗着说"不要"，这让父母非常头疼。

"别把衣服弄脏了"——"不要"。

"乖乖吃饭"——"不要"。

"把玩具收拾了"——"不要"。

"我以后都不理你了"——"哇"（哭声）。

孩子说"不要"，是因为讨厌父母控制自己的行为，也可能是对自己能否做好一件事缺乏信心。这个时候如果父母不能理解孩子的所思所想，只是简单粗暴地命令其做这做那，甚至说出"你真是个坏孩子"这类的话语时，孩子就会开始怀疑自己是否被理解以及被爱着。

要想让孩子在有自我肯定感的环境下成长，就必须积累"我成功了"的胜利体验。所以在孩子好奇心旺盛期，营造让孩子自由发展的环境是十分重要的。父母应该尽量少干涉他们的行为。

但是这并不是说父母可以放任不管孩子。父母需要做的是营造能满足孩子"我想要试试"这种好奇心的安全环境，以及适合进行各种"试验"行为的场合，然后只需在一旁观察他们的表现就可以了。

父母如果觉得由于受社会规范的约束，很难在户外满足孩子"想要试试"的好奇心，那么至少在家里就要下意识地减少对孩子"试验"行为的干涉。当然，为了孩子的安全，必要的干涉是需要的。但请仔细分辨干涉到什么程度，避免过度干涉，不要让孩子失去干劲。

例如，当孩子十分努力地想要自己穿鞋的时候，父母别着急帮他穿好；当孩子拿着水杯想要喝水的时候，父母不要因为担心水洒出来就帮他端着水杯喂他喝。父母提前抢过孩子想要自己做的事情，这些就属于过度干涉。

过度干涉必然会夺走孩子做事的干劲，也会降低他们的自我肯定感。

"不要别人帮忙，我要自己做""我想要试试"这样的想法是人类内在的诉求。如果孩子这样的诉求被父母以"太危险了""太慢了""会弄脏的"这样的理由阻止，他们就会逐渐失去干劲。

因此，父母在想要插手和插嘴的时候，应该控制自己的行为。观察孩子的行为是非常重要的。

通过让孩子帮忙提高其自主性

满足孩子"我想要试试"的最好方法就是让他们帮忙。

试着向 2～3 岁的孩子寻求帮助。孩子如果帮助了你，就用"谢谢你，帮了大忙了"这样的话来表示感谢，并且拥抱他们。这样一来孩子就能亲身体验到成功。但是要记住寻求帮助的时候不要用命令和指令的口吻。也不要忘了，即使再微不足道的事情，也可以寻求他们的帮助。

以"帮妈妈把这个盘子拿过来的话就帮了大忙了"这样的"求助"的语气寻求帮助，孩子一定会行动起来的。在他们帮忙之后，要边说"帮了大忙了，真谢谢你"这样感谢的话，边给他们一个拥抱（很舒服的身体接触）。

会育儿的母亲常常寻求孩子的帮助，让他们一点点地积累成功的体验。能领略到受到感谢的喜悦，以及在愉快经历的环境下成长起来的孩子，将来就会具备乐观、积极、开朗的人格。

需要注意的一点就是，寻求孩子帮助的目的是为了让他们积累成功的体验。在遇到即使是竭尽全力尝试也非常容易失败的事情时，请不要寻求他们的帮助。提出的请求一定要在其力所能及的范围里。

比如你请孩子帮你把刚洗干净的衣服叠好。即使他没办法把衣服叠整齐也没关系，也请表达出"真是帮了大忙呀，谢谢你"的感谢之情，然后抱抱他。

这时候父母一定不要当着孩子的面重新叠一遍衣服，或者说"你要叠得再整齐一点"这样的话。当孩子没有做好的时候，应该拿起剩下的衣服，一边告诉他们"这么叠起来的话就更整齐了"，一边教他们怎么叠衣服。

帮助他人，其实是积累社会经验的第一步。孩子可以体验到依靠自己的力量完成一件事，并受到他人感谢的乐趣。同时可以促进其语言能力、思考能力、专注力以及沟通能力的发展。

让孩子照看自己的弟弟妹妹

当弟弟妹妹出生之后，母亲不要只是一个人照顾，也可以试着让哥哥姐姐帮忙。让哥哥姐姐帮忙照看年龄小的弟弟妹妹，就省去了育儿中的很多琐碎的麻烦。从前年长的孩子照看年幼的弟弟妹妹是理所应当的。因为家庭中兄弟姐妹很多，父母是照看不过来的。但是随着独生子女的普及，人们的常识变成了所有照顾孩子的工作都由母亲和祖母承担。

在哥哥姐姐年龄也比较小的情况下，就努力锻炼他们帮着一起照看婴儿的能力吧。可以在换尿布或纸尿裤的时候让他们帮忙拿取新尿布或纸尿裤，又或者在冲奶粉的时候让他们帮忙拿着奶瓶，洗澡的时候帮忙一起给婴儿洗澡，等等。虽然父母也知道与其让他们帮忙，自己做可能更快，但是请记住即使这样也要让年长一些的孩子帮帮忙，并且在他们帮到你的时候，表达出"真谢谢你，帮了妈妈大忙啦"这样的感谢的话。这样孩子也能真实感受到"我的帮助对妈妈是必不可少的"。

在这个时期要注意的一点是，母亲一定要用"你真帮了我大忙了"这样的语句明确表达谢意。如果孩子帮了忙，却没有感受到来自父母的谢意，他们就会缺乏干劲，也体会不到成功的感觉。体会到因帮了母亲的忙并得到了赞赏，对于积累孩子的自信很重要。

作为母亲的小助手帮忙照顾弟弟妹妹，长大之后兄弟姐妹的感情都非常好。通过照看年幼的弟弟妹妹，年长的孩子也自然而然地觉得弟弟妹妹变得越来越可爱了。与此同时，年幼的孩子在哥哥姐姐的照看下长大，也会很自然地尊敬他们的哥哥姐姐。反之，如果孩子们缺乏这些经验，就会出现弟弟妹妹轻视哥哥姐姐，或者视他们为竞争对手。这样一来就会导致兄弟姐妹间关系的恶化，争吵不断。

让孩子做出选择
并发展他们自己的个性

是否应该由父母为孩子挑选衣服和食物呢？虽然考虑到孩子的营养层面和美观度，应该由父母来选择。但是换个角度考虑一下，这样也就剥夺了增加孩子自主性的机会。

例如，父母把衣服买回来后，让孩子自己选择他们要穿的衣服。这虽然可能导致孩子每次都选择同样类型的衣服，但是他们会发现"我原来这么喜欢红色"之类的个性喜好。这也让我想起了我们学校的学生中，有一个经常把左脚和右脚的鞋穿反的学生，我觉得这也是他的个性体现。

但是对于非常小的孩子来说，即便告诉他们"去选你喜欢的衣服吧"，他们也可能不知道怎么选。所以父母最初最好从两个选项中让孩子做出选择："这两件衣服你想要哪件呢"，用这样的方式询问他们意见，孩子就会回答"我要红色那件"。

"选择"的目的是让孩子自己去思考，并知道什么东西更适合自己。换而言之，这也是一个自我了解的过程。

一个人在儿童时期，自主选择的经验越多，就越容易成长为自主性强，有干劲、进取心旺盛的人。

"有香草、巧克力、草莓、混合口味的冰激凌，你想要吃哪一个"，像这样问孩子，他们就会根据对冰激凌外观、喜好、味道、心情、过去的记忆等，选出自己想要吃的冰激凌。

"虽然巧克力看起来很好吃，但是也想吃香草口味的，那就选两个都能吃到的混合口味的冰激凌吧"，这样经过深思熟虑后选择的冰激凌，会格外美味。但是，到这里并不算完。重点是问问孩子这么选的理由，为什么选择了混合口味而没有选巧克力口味。虽然做出这种选择可能是凭直觉，也可能只是想要尝试一下。但是问了他们理由之后，孩子就会更好地了解自己，更加懂得自己想要什么，知道什么是自己擅长的事情。如果只是接受父母选择的事物，孩子的自主能力就无法培养出来。

孩子的日用品也要尽量让他们自己去选择。例如牙刷、衣服、鞋、书包、文具、玩具等，父母帮他们做好预算，让他们从很多选项中自由选择，也是一种不错的方法。另外，外出就餐时，也可以试着让孩子来点菜和饮品（例如对孩子说，在50元以内随便点你想吃的东西。这样做好预算让孩子选择，也能锻炼他们的算数能力）。

当然，如果让孩子自己选，也可能会面临选择失败，选择不合意或者后悔自己做出的选择，但这也可以让他们积累经验。所以父母要切记，即使看到孩子即将选择失败的时候，也要抑制住帮助他们做选择的冲动，把选择权交给他们。

从自己失败的选择中学到的经验也能让孩子迅速成长起来。为什么这么说呢？因为再次遇到同样的情形时，他们就会为了避免再次失败而更加慎重地做出考量。通过自己充分的斟酌而做出的选择，对孩子来说是非常有意义的。

很多父母因为"不想让孩子失败""失败的话太可怜了"，就替孩子做出选择，或者提示孩子应该选择什么，或者是阻止孩子做出选择，这样也就剥夺了孩子独立思考并行动的成长经历。无论如何，孩子最终都必须成为一个独立的人，并依靠自己的能力（选择）走完自己的人生。为了让其有这样的能力，就必须放手让他们自己做出选择，并获得宝贵的经验。

父母能为孩子做的，并不是不让他们经历失败，而是在失败的时候让他们接受失败，并向他们传递"即使失败了也没关系""爸爸妈妈永远和你在一起，一直守护着你""下次能做好的话就足够了"这样的信息。如此就可以让孩子放心地迎接下一次的挑战直到成功。

如果父母只是一味做出提醒，并且教给他们人生的最终道理，孩子只会失去主动努力的动力，任何能力都得不到提升。孩子只有在主动思考，做出选择，并且付诸行动的成长经历中，才能释放自己并收获能力。

"选择"的目的是让孩子自己去思考。如果只是接受父母选择的事物，孩子的自主能力就无法得到培养。

父母切记，即使看到孩子即将失败，也要抑制住帮助他们做选择的冲动。父母能做的，并不是不让孩子经历失败，而是让他们接受失败的同时，知道下次如何正确处理。

让孩子适应社会的最佳游戏有哪些

孩子在 2～3 岁时就需要学习如何与他人相处了。比如第一次去公园玩，类似这样的集体性、社会性活动都需要用到这样的技能。在送孩子去幼儿园之前，就教会他们怎样交朋友、与别人相处的方式、在集体中生活的规矩等社交技能，对于培养其自我肯定感而言是非常重要的。

虽然有些父母会把年龄幼小的孩子突然送到兴趣班或者幼儿园，想以此培养其适应社会的能力。但遗憾的是，如果把不清楚与他人相处的正确方式以及对集体生活规则一无所知的孩子放入同年龄段的孩子中，他们中的大多数人并不能学到适应社会的能力。相反，如果他们与同伴争抢东西、撞到同伴、拉扯同伴头发、大声喧哗、来回乱跑，或者是学习其他小朋友的不良行为，只会对培养自我肯定感起反作用。

在家就教会孩子与人相处的基本方式，对于培养孩子适应社会的能力十分重要。推荐父母与孩子玩过家家或者角色扮演之类的游戏。通过扮演妈妈、爸爸、商店店员、医生、邮递员、老师、英雄等角色，可以让孩子学会社会上的规则以及与人相处的基本方式。

试着拿起玩偶和孩子玩一次角色扮演，对孩子说："你好，我是小白兔咪咪！你是谁呀？"这样的简短对话中，就包含着打招呼、自我介绍、提出问题等基本沟通。孩子也会马上开心地回应道："我叫萨拉，今年3岁了！"

试着和孩子一起玩过家家。当孩子拿起玩偶扮演"妈妈"，说着"饭做好了！开吃吧，多吃一点哦"这样的话语时，你就会马上明白孩子的语言都是从母亲那里学来的。孩子是在模仿父母的言行举止中长大的，所以说父母是孩子的一面镜子。

与此同时，亲子之间的肢体游戏也能培养孩子的社会属性。最适合陪孩子玩此类游戏的人选就是父亲。通过与父亲有些粗糙的身体的接触，孩子能从父亲的表情、声音、行为的变化中掌握"淘气"的分寸。在儿童时期经常与父亲玩耍的孩子，长大后更容易具备掌控自我情感和行为的能力，更善于体察对方的情绪和感情，更容易融入社会。

剑桥大学教授、著名心理学家迈克尔·拉姆的研究成果表明：父亲与孩子相处的时间越长，孩子将来就越容易适应社会。

哈佛大学医学院的迈克尔·尤格曼博士也指出，在父亲积极参与育儿的环境下培养出的孩子，具有以下特点：

- 自尊心强
- 语言能力强
- 学习成绩优异
- 不容易抑郁和不安
- 发生逃学、不良行为的概率低

通过与父亲进行肢体游戏，孩子可以学习并掌握身处社会中与人交往，并生存下去的基本法则。同时，由于增强了父子之间的信赖关系，也极大地增加了其自我肯定感，有助于提高学习成绩和心理韧性。因此和孩子一起做游戏是十分有益的。

伴随着孩子的成长，父亲与孩子之间的肢体游戏也要随之发展。例如在户外锻炼身体，做一些益于身心健康的运动。在大自然中钓鱼、野营，或者做一些只有与父亲才可以做的冒险游戏。通过与父亲的游戏以及与大自然的亲密接触，能提高孩子的成就感，也能使他们的自我肯定感得到满足。

关于父子之间肢体游戏的例子

培养孩子适应社会能力的游戏中"身体频繁接触"的游戏是值得推荐的。以下介绍几种在家就可以随时与孩子互动的游戏：

- 亲子猴子爬树（孩子抓住父亲的腹部玩耍）
- 爸爸卡丁车（在父亲的膝盖上模拟开车）
- 旋转木马（父亲抓住孩子的腋下，把孩子举起）
- 爸爸单杠（让孩子爬上自己的手臂或者悬挂在手臂上）
- 超人（举起孩子在空中玩耍）
- 登山（把父亲的背当作一座山，孩子用力登上山）
- 骑马（跨上父亲的背部骑马玩耍）
- 宇宙飞船（父亲平躺，用脚撑起孩子玩耍）
- 亲子企鹅（踩在父亲的脚上行走）
- 跳跃游戏（抓住孩子的手，让孩子弹跳）
- 扮演摔跤选手（和父亲来一次摔跤对战）
- 石头剪刀布挠痒痒（石头剪刀布，赢的一方可以挠对方的痒痒）

管教，也是教给他们人生的智慧

对孩子进行社会规则方面的管教，通常给人们的印象无非是让讨人厌的孩子听话，让他们循规蹈矩，等等。但是，管教的根本目的是向孩子传达人生智慧。管教不是当场教会孩子隐忍的处世之道，而是以"这样做的话也会让你周围的人感到愉快"这样的观点来引导孩子，让他们选择并纠正自己的不良行为。

耐心等待就能和好朋友快乐地玩耍，对人亲切就能得到别人的喜欢，细心倾听他人的话语就能交到朋友，帮助别人能收获到他人的感激。与之相反，不等候就会与人争吵，脾气坏就会被人讨厌，无视别人说的话就会交不到朋友，自私自利就无法得到他人的感激之情。

在斥责"不能""不行"之前，先耐心地和孩子讲他们的行为会对自己和周围人带来什么样的影响，别人会怎样回应他们的行为等，让孩子思考"怎么做能让自己以及身边的人都愉快"。例如，在医院当孩子很吵的时候，就这样问孩子："在你生病的时候，如果身边的朋友都很吵闹，你会怎么想？"

在管教孩子的时候，如果不仔细寻找孩子心情愉悦的时机是很难起到管教作用的。当孩子心情不好的时候、感到不安的时候、大发脾气的时候，即使父母想要管教他们也不会有效果。

当孩子有欠妥的行为举止时，父母需要用轻柔的身体接触来安抚他们，然后对他们说："仅仅是事情没有按你的意愿就哭鼻子可不行。"如果孩子悔过地说"我知道了"，那么就给他们一个紧紧的拥抱，并且表扬他们："你能明白妈妈的良苦用心，妈妈真的太高兴了。"但是如果得到孩子"不要你管"这样的回答，就轻轻地抚摸他们直到他们平静下来，再教导。让孩子积累生活中的规则经验，只对他们说一两次是不够的，必须持之以恒地教导，直到他们完全弄明白为止。

> 角色扮演、肢体游戏有助于培养孩子的社会属性，而父亲的参与更能强化孩子的社会性培养。
>
> 在和孩子沟通时，肢体、表情等非语言沟通可能比简单的语言沟通更容易打动孩子。

参加集体活动时需要注意的事项

孩子在进入区域社会(公共场所、好朋友家等)以及集体社会(幼儿园、学校、补习班等)时,会碰到各种各样的规矩。即使是在自由开放的家庭环境中长大的孩子,突然离开家走入社会,也很难保证遵守各种社会规则而不犯错。

在孩子即将进入新环境的时候,一定要"提前"对他们说明要去哪,应该怎么做,什么事不能做。

比如有一天,突然把孩子带到幼儿园,这时即使对他们说"要听老师的话""和小朋友搞好关系"这样的话,孩子也不知道具体应该怎么做。所以他们会感到不安而大声哭泣,或不分场合地大吵大闹。

即使是成人,在不知情的情况下进入一个陌生环境中也会感到慌乱,更何况是孩子呢?所以一定要向孩子说明。

"今天我们要去亲子教室。在那里和小朋友们一起唱歌,跟着老师做体操、画画,有好多好玩的呢!我们约定在教室里要听老师的话,你能遵守这个约定对吧?"像这样与孩子沟通,即使是2岁的孩子也会明白你的意思。

在与孩子沟通的时候，注意要正面对着他们，看着他们的眼睛。如果是在孩子后面或者旁边，或是距离孩子很远，即便对孩子说"好好听我说话"，他们也是听不进去的。一定要面对着孩子，蹲下身子看着他们的眼睛，慢慢地讲道理。更好的方式就是一边抚摸着孩子的头、肩膀或者背部，一边注视着他们的眼睛，这样的身体接触能让孩子放松心情，更容易接受父母说的话。

如果孩子已经答应了父母能够做到不吵不闹，但依然喧哗吵闹、跑来跑去，则必须制止并斥责他们。但是请注意在斥责孩子的时候，一定要去一个能让父母和孩子独处的地方，和孩子冷静沟通。生气地斥责他们"为什么不听我的话""怎么不遵守承诺"并不是一种可取的方法，而应该用温柔（平静）的语气责备他们。

问孩子"记得和妈妈的约定吗"？，然后慢慢引导孩子说出"我应该好好听老师的话"。当孩子承诺"我下次好好听老师的话"的时候，记得要一边说"妈妈很欣慰"，一边把他抱在怀里。

不仅要使用语言沟通，更要加入身体沟通，这一点在与孩子的沟通中十分重要。要记住，如果单单是语言的交流，很难打动孩子的心。

随着集体和社会活动的增多，通过观察周围小朋友们的言行举止，孩子就会渐渐明白什么应该做、什么不应该做。当然，在适应集体生活的过程中，当自己想要做的事没有做成的时候，当事情没有按照自己预想的那样发展的时候，孩子有时会觉得很懊恼。这时父母不要慌张，不要唠叨，要沉着冷静地对待。

孩子在成长与发展的过程中不可能一直都保持着自律。在他们的成长经历中夹杂着成功与失败的体验，伴随着依赖父母和自律行动的循环往复。正是在这样曲折的道路上，他们才能一边经历着挫折与"磨难"，一边茁壮成长。

在适应了集体生活之后，他们逐渐明白什么样的小朋友能成为自己的"好朋友"，是那些与自己兴趣相投的、与自己做同样事情的、玩着同样游戏的人。进而发现并寻找与好朋友在一起玩耍的乐趣，并且随着与好朋友之间的感情不断深化，更加深刻懂得了什么是友谊。虽然偶尔也会发生争吵，或过于强词夺理，但逐渐开始理解对方的心情，体恤对方的感受。无论是快乐抑或是悲伤，有一个能与自己同喜同悲的好朋友，对于孩子来说是不可或缺的。

怎样协助孩子进步

在让孩子参加体育或者音乐等兴趣班之前，可以先向他们介绍一些相关的知识。如果贸然地把孩子带到足球兴趣班，然后告诉他说"下面我们来学习踢足球吧"，他一定会感到不安。孩子连足球的规则和怎么踢球都不知道，难道你还指望他知道自己应该做些什么吗？

所以在送孩子到足球兴趣班之前，不妨先和父亲做一些运球的练习，在游戏中教授孩子一些基本技能。这样即使是第一次参加训练，也能跟上节奏。说不定身边的小朋友或者教练也会称赞他的技术。

当被别人称赞时，不仅能让孩子更加自信，而且能激励孩子渴望"踢得更好"的斗志。 在兴趣班中获得的信心不是父母给予的，而是孩子通过自己的努力赢得的。兴趣班的学习可以增强孩子对"我可以做到"的信心，同时自我肯定感也可以在其他方面得以放大。

在孩子参加此类兴趣班时，关键是父母要协助孩子表现得更好。在经过一些预先的练习之后，即便是年纪很小的孩子，也能比其他孩子表现得更加出色。

无论参加什么样的兴趣班，如果只是单纯地把孩子交给兴趣班、交给教练而缺少父母的参与和协助的话，孩子是不可能做到"出色"的，他们大都只能停留在平均水平。因此父母一定要帮助孩子。兴趣班老师在课堂上要同时教导十几个孩子，期待老师一对一的细致指导，几乎是不可能的。

同时，如果只是与身边的小朋友一起练习的话，是很难突破和进步的。所以孩子很难产生自我肯定感，参加课外兴趣班的意义也就大打折扣了。<u>让孩子比别人优秀一点，是让兴趣班有意义的秘诀。</u>

参与到锻炼身体的集体活动中

提到孩子的课外兴趣班，大都只会想到数学、英语、绘画、体操、芭蕾、钢琴等，为了锻炼孩子的社会适应能力，应试着参加一些"锻炼身体的集体活动"。例如参加舞蹈、舞台剧等集体性的艺术演出，或是足球、篮球这样的集体运动，可以增强孩子的沟通能力、理解他人的能力、协作能力等处理人际关系的技能。

孩子在集体活动中能与其他小伙伴保持紧密的沟通。只有与团队中的小伙伴取得了良好的沟通，才能使团队更有凝聚力，才能在比赛中、竞赛中取得胜利。他们可以在集体活动中了解到互相交流讨论对于实现共同目标是多么的重要。

为了让孩子积累社会经验，并善于同他人合作，让他们与家庭成员之外的人交往是必不可少的。条件允许的话，让孩子参加多种课外兴趣班，这样就能与不同的人交往，并获得宝贵的经验。

广泛的童年交往经验对儿童未来的社交和沟通能力具有重大意义。

在孩子即将进入新环境时，一定要"提前"向他说明要去哪，应该怎么做，什么事不能做。

在让孩子参加集体活动、体育运动或兴趣班之前，向他们介绍一些相关知识，将有助于他们融入集体，获得自我肯定感。

怎样处理与母亲的道别

上幼儿园以后，孩子一天中的大部分时间都是与家人以外的人一起度过的。因此父母需要做的就是培养其具备一颗"坚强的心"。这样即使孩子远离父母，也可以做到在看不到父母的情况下无忧无虑地和小朋友一起玩。

经常可以在幼儿园门口看到，无论是第一天入园，还是入园几个月，每次与母亲道别都会在门口大哭、离不开母亲的孩子。无论是孩子还是父母，都对分别感到强烈的不安，即所谓的"分离焦虑"。

有时是因为母亲对分别感到不安。这种情绪会传递给孩子并影响孩子，使得孩子也难以和母亲分开。有些母亲由于担心孩子会哭，所以在幼儿园门口与孩子道别后，自己躲在暗处观察孩子的举止。这就是母亲强烈不安的表现。

在这种情况下，母亲不要过于焦虑，并且毅然决然地快速离开是非常重要的。如果是受过坚强教育的孩子，是不会出现在幼儿园门口大哭，与母亲分不开的情况的。因此，日常生活中就应该对孩子进行坚强教育。

坚强的孩子是身心健康，在完全确定自己被爱并被接受的自我肯定感中长大的孩子。

要想赋予孩子坚强的性格，首先应该从婴儿时期就尽可能多地与孩子接触，让孩子感受到母亲强有力的关爱。那些在母亲充分的爱和关怀下长大并对母亲足够信赖的孩子，就能轻松地应对与母亲的分离。

感受到"自己是被父母爱着的""妈妈需要我"的孩子，具备足够的自信。当他们与父母分离时也很从容。孩子被爱的感受越强烈，他们的情绪就越稳定，内心的安心感也越强。

在和母亲分离的时候，很多孩子都会"回到婴儿时期"，表现出拖拉、撒娇、舔手指等，甚至变得叛逆、尿床、出现奇怪的行为举止。这些表现其实是孩子想要验证父母（尤其是母亲）是否爱自己。

孩子在面对不安和恐惧的时候，时常都会通过"撒娇"的方式来试探、验证。他们是在试探自己是否被深爱，是否被包容，父母是否真的需要自己。

即使是成人，在心情不好的时候也会对身边可以信赖的人撒娇。这时如果能从期待的人那里得到使自己身心放松的肢体接触或回应，其情绪就会稳定下来。在孩子的世界里，那个"期待的人"就是母亲，这时孩子就会对母亲撒娇。

让人心情舒畅的身体接触是稳定孩子情绪的最佳方式。通过肌肤接触，不断地向孩子传递被爱的喜悦和撒娇的满足感，用这种方式安抚孩子，效果十分显著。

慢慢靠近孩子，逐渐紧紧地拥抱他。虽说这可能会让孩子有些喘不过气，但请就这样保持10秒左右的拥抱。要注意的是，如果时间太短反而会起反作用。

送孩子入园的最佳时机是什么时候

送孩子入园的前提是"做好了母子分离的准备"。每个孩子的成长发育都是不一样的，而大部分幼儿园入园年龄在3～4岁。因此根据入园年龄，提前帮助孩子在身心各方面都做好入园准备是很有必要的。

正如本书第一章中所提到的，为了培养孩子养成自律性习惯，与朋友或老师建立良好关系的社交能力，让孩子能很好地适应集体生活，提前在家里做好准备工作是必不可少的。必须引起注意的是，如果不能很好地与母亲分别，或者无法适应集体生活，都会导致孩子丧失自我肯定感。

为了让孩子自立，首先需要让孩子感到"内心满足"。孩子能离开父母并适应新环境的前提是，在充满了父母关爱的环境下长大。最好的状态并非是孩子跟在父母后面，而是父母跟在孩子的后面。当孩子对你说"我自己也可以，妈妈不用跟来了"的时候，你就成功了。

一提到自立，大多数人马上想到的是"放手"。但促使自立的恰恰是"接受"。正确接收孩子发出的"索爱"信号并及时给予他们足够的关爱，将在父母与孩子之间建立起一种基本的信赖关系，并使孩子放心地离开父母。要知道在孩子萌生出想要自立的念头时，需要的是父母强有力而又温暖的支持。

在育儿的诀窍中，请父母一定要实践一下心理暗示。孩子年龄越小，效果越明显。在哄孩子睡觉时，当孩子快要睡着的时候、当孩子放松的时候或抱着孩子的时候，都可以给孩子做一些心理暗示。

"你什么都能做"。

"你将来一定行的"。

"你将来一定能成为非常棒的男子汉"。

"你成绩会变得非常好"。

"你对数学很有天分"。

"你很有绘画天赋"。

"周围的人都喜欢你"。

"你真的好漂亮"。

"你真可爱"。

孩子会记住这些心理暗示。需要注意的一点就是，母亲要表达出真实的想法。母亲也要对自己进行"这孩子真是个天才"的心理暗示，这样一来孩子也会相信自己将来会成为天才。

心理暗示并不是不靠谱的魔法。在历史上有许多实例，很多为世界做出卓越贡献的伟人的母亲都相信自己的孩子拥有天赋，并给予他们正面的心理暗示。比如为世界留下了电灯、留声机等1300多项发明的托马斯·爱迪生，就曾经被周围人嘲笑"学得慢"。但是他的母亲始终相信爱迪生的能力，持续地接受并鼓励他。在爱迪生成功之后，回忆起母亲时留下了下面的一段话：

"因为母亲才有了我今天的成就。母亲非常诚恳，因为她愿意信任我，我想要为了母亲活下去。我认为只有她才不会令我失望。"

孩子和父母都可能出现"分离焦虑"。感受到"自己是被父母爱着的""妈妈需要我"的孩子,一般具备足够的自信。当他们与父母分离时,也更加从容。

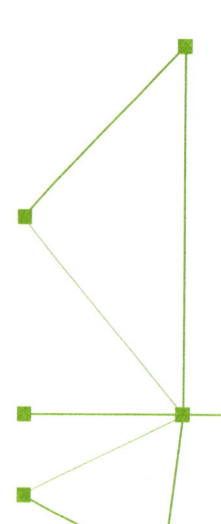

第三章

优势和勤勉性

发展孩子的优势和强项的必备诀窍

如何找到适合孩子的兴趣班

为什么让孩子参与竞争非常重要

找到优势科目的方法

提高孩子智力的关键是什么

第三章 优势和勤勉性

发展孩子的优势和强项的必备诀窍

你知道自己孩子的优势和强项吗?孩子自己无法发现自己的优势,因此需要身边的人,也就是父母去寻找,并用语言告诉他们,这是非常重要的。

每个孩子都有自己的优点及与众不同的特点,例如不服输、注意力集中、温柔、懂得社交、善于猜谜、喜欢读书、观察力强、开朗等。这就是所谓的"优势"。如果发现孩子的强项和优势,请当面认真地告诉孩子。

父母一定要尽可能具体地告诉孩子他们的长处是什么。例如"妈妈最喜欢这样不愿服输的你""你集中注意力的样子真帅""你能温柔对待别人真的很棒",等等。这样孩子就会逐渐意识到自己的优势,并且进一步放大自己的优势。

如果孩子犯了错误，也不要随意指责他的弱项和缺点。孩子的强项和弱项就如同一枚硬币的两个面。例如"不愿服输"的孩子也有"倔强不愿变通"的毛病，而"注意力集中"的孩子也可能"过于沉迷某件事"，"对人温柔"的孩子可能存在"做事优柔寡断、犹豫不决"的缺点。

发扬孩子优势的关键在于"不要触及孩子的弱项"。如果父母过度关注于孩子的弱项，就会放大孩子的缺点。父母应该和孩子一起把目光放在强项上，并用具体的事件表扬孩子。随着优势的增长，弱项也就变得不那么显眼了。

父母常常说自家孩子"既不听话，又拖拖拉拉的，态度粗鲁，真是不知道怎么办"。这些父母的问题就在于过分关注孩子的缺点。如果是这样，请在纸上写下孩子的长处。你应该看到孩子的美好，例如"专注于自己喜欢的事物"和"坚持不懈"。就这样试着去关注孩子的优点，哪怕只试一天也没有关系。在这一天内别去触及孩子的缺点，只关注他的优点。多表扬孩子是促使他们取得成功的关键。例如告诉他"这么开心地跟妈妈打招呼，妈妈真开心""吃了这么多饭，妈妈真高兴""自己能换衣服了，妈妈真开心"。

母亲必须用直白的词汇赞扬孩子，以坦率的态度表达自己的想法。当孩子被告知"妈妈真高兴""妈妈最喜欢你了"时，他们会感到非常幸福。除了母亲之外，父亲或祖父母也应该一起表扬孩子。表扬孩子努力的样子，表扬孩子自己做成了某事，表扬孩子遵守规则，等等。家里所有人同时表扬孩子会事半功倍。

在父亲表扬孩子的时候，可以稍微转换一下视角。前文已经提到过，父亲与孩子在身体上的亲密接触对其成长是有益的。

与其关注孩子取得了什么成果，不如把重点放在孩子在过程中做了哪些努力。例如投接球练习中，不是关注接了多少个球，而是赞扬即使接得不好也拼尽全力。如果把重点放在结果上，就会给孩子留下即使手断了也要全力接球的印象。重要的是赞扬孩子全力以赴的过程，这样才能更好地激发孩子的能力。

一般来说对孩子的表扬和批评的比例应该大致保持在7∶3。但实际调查结果显示，即便开始严格按照7∶3的比例，但随着时间的推移，批评的占比会不断上升。也就是说，如果父母没有下意识地表扬孩子，不知不觉中批评孩子的情况就会多起来。当孩子被批评的次数多了，自然会变得在意自己不好的一面，自我肯定感也就无法建立了。

明智的父母在教育孩子时，往往能敏锐地发现孩子的优点，认可它并赞扬它，然后引导孩子进一步成长。孩子自然会在赞扬中成长，逐渐增长自信心。

强项和弱项是一枚硬币的两个面

慢性子和急性子、开朗和内向、坦率和顽固、勇敢和胆小、强大和胆怯、坚忍不拔和半途而废、有干劲和无精打采、活泼和忧郁，这样的性格并不是独立存在的。孩子的性格是一枚硬币的两个面。或许有一面的萌芽长得很大，另一面的萌芽却很小，它们交织在一起，互相影响着并形成了孩子的性格和个性。

当父母只关注孩子坏的萌芽，那好的萌芽就可能会腐烂（或缩小）。所以尽量不要触及坏萌芽，要集中注意力关注好萌芽的生长。以下清单可以为父母提供参考，让我们一起找到孩子的"优势萌芽"吧！

孩子感觉最开心，绽放出最多笑容的是什么时候？
最能让孩子集中注意力的事情是什么？
声音和语言，哪种更能吸引孩子？

文字和图片,哪种更能吸引孩子?

数学和文字,哪种更能吸引孩子?

孩子喜欢讲话还是听人说话?

孩子喜欢玩什么玩具?

孩子喜欢和谁玩?

孩子喜欢在家里玩还是外边玩?

孩子身体有哪些特征?

孩子的性格用一句话概括是什么?

如果发现了孩子的"优势萌芽",要用语言告诉他。然后试着让他们参加一些能发挥优势的体育或音乐活动。清楚自己优势的孩子,在从事与其相关的活动中,能够在短时间内提高技能和自信心。

优势能解救逆境中的孩子

俗语有云:"溺水者攀草求生。"在溺水的危急时刻,人是连稻草都会想要拼命抓住的。同样的,在孩子遇到困难的时候,"优势"就是他的"救命稻草"。

让孩子快速拥有一项"优势"的捷径是让他认真学习一项特长。但是很多情况下自娱自乐式学习无法让孩子达到高水平。因此参加课外兴趣班是培养孩子优势和特长的一个好主意。

随着孩子处在不同的教育阶段，竞争范围会逐渐增大。当他们遇到比自己更优秀的人，就容易觉得"自己太没用了"而丧失自信心。并且，在学习领域里有很多天生具有学习天分的天才，要充分发挥孩子的才能并不容易。

为了让孩子通过兴趣班找到自己的优势，父母需要找到与孩子个性相符，并且能够让孩子长期坚持下去的兴趣班。为其找到适合的兴趣班，并向他们介绍这个兴趣班究竟学的是什么，鼓励孩子尝试学习是非常重要的。当然，孩子如果自己想要学什么，例如当他说"我要学这个"时，请全力支持。

在决定孩子参加兴趣班之前，要与他们试着一起做一些"父母能做的事情"。例如，教孩子某样乐器或某种运动。这样做的目的是为了找到孩子的"强项"。重点并不在于"教孩子什么"，而在于通过与父母一起愉快地玩耍，能够引起孩子对竞技的兴趣。

必须记住,无论参加什么兴趣班来培养孩子的"优势"，父母持之以恒的陪伴和支持是必不可少的。如果这个兴趣项目父母有一定经验，可以先教孩子一些初步的技术，并

第三章
优势和勤勉性

用长远的眼光来看待孩子的进步。重要的是与孩子一起享受这个过程。

优势能解救逆境中的孩子。孩子的优势和长处,需要父母通过具体的语言描述传达给孩子,这是非常重要的。

让孩子快速拥有一项"优势"的捷径,就是让他认真地学习一项特长。

如何找到适合孩子的兴趣班

很多父母因为不知道应该让孩子参加什么兴趣班前来咨询。是按照父母的意愿选兴趣班呢？还是按照孩子的兴趣选择呢？父母常常在这个问题上犹豫不决。

如前文所述，让孩子参加兴趣班是为了让其获得优势与强项。动作敏捷的孩子，努力的孩子，不愿服输的孩子，身体强壮的孩子，喜欢自己一个人玩的孩子，喜欢在室外玩的孩子……针对每个孩子不同的性格和特征，应选择与之相符合的兴趣班。

不清楚自己孩子优势的父母，应该询问与孩子互动多的人的意见。可以就孩子的优点和性格，问问孩子的祖父母或幼儿园的老师，这样可能获得"他受所有周围人的喜欢""他总是那么活泼""他做事很稳重"这样的反馈意见，可以从中找到孩子的优势。

并且在家里要试着观察孩子玩耍时的样子。在观察了孩子一个人玩耍的样子之后，就会明白孩子对什么事物最感兴趣。

在此基础上，如果观察孩子和小朋友一起玩耍时的表现，就会发现孩子的性格或体能上的优势。例如"不愿服输""值得信赖""考虑周围人的感受""动作灵敏""不知疲倦""任何事物都能集中注意力""做事很周到""努力"，等等。

找到孩子的优势后，把这种优势带到兴趣班中挑战自己，孩子会全神贯注于兴趣班的学习。以下三种组合，可以帮助父母找到最适合孩子的兴趣班。

- 性格＋个性＋人际关系（温柔、和蔼可亲、温和、勇敢、细腻、喜欢社交）
- 兴趣＋爱好（喜欢动物、喜欢器械、喜欢美术设计、喜欢音乐和舞蹈）
- 运动能力＋身体特征（个子高、力气大、敏捷、持久力强、耐力好）

把孩子以上的特征填入下表中。不需要深入思考，只需写出脑海中浮现出的第一个词语。随后父母可以商量一下能发挥孩子"优势"的兴趣班或活动是什么。最理想的状态是既适合孩子的发展，父母又能全力支持孩子。

首先要确定孩子的性格。性格有努力型、活泼型、稳重型等，请根据孩子的性格选择适合的兴趣班。

其次要了解孩子的身体特征。现在的孩子都有超过父母身高的倾向。以父母的身高和体形为参考，可以大致预测孩子将来的身体特征。

最后，如果选择父母学过的项目，孩子接下来的学习会更顺利些。因为父母能够教孩子一些基础技能，与他们分享经验（如训练多久能取得进步）。

性格、个性及人际关系	性格和个性				
	人际关系				
	与别人不同的一面				
兴趣和爱好	兴趣和爱好				
	艺术				
运动能力及身体特征	自然科学				
	体育				
	其他				

让孩子坚持上兴趣班的秘诀

通过兴趣班培养孩子的自我肯定感，一定要长时间持续下去，而不仅仅是学习一两年，可能需要坚持十年左右，让兴趣变成"特长"。这样才能随着不断深入的学习来增强孩子的自信心。上一章所述的埃里克森的发育理论中也提到，6～12岁的孩子必须要克服的问题是"勤奋"。

但是，让孩子坚持下去是非常困难的！为了解决这个问题，我们接下来讨论让孩子坚持下去的秘诀。

那么，父母知道孩子说"不想学了""想放弃了"的原因吗？原因就是，"学不好"。

<u>对于孩子来说，坚持做自己做不好的事情并不会让他们感到有趣</u>。让一个不擅长网球运动的孩子参加网球比赛无法使他感到快乐。因为他不但输掉了比赛，而且手又酸又痛。于是就萌生了再也不要打网球的念头。

为了让孩子能坚持学下去，不能单纯地把他们交给兴趣班、交给教练，而是要在家中陪伴孩子练习，增长孩子的技能。比如父母可以和孩子一边看电视上的网球比赛，一边教孩子一些战术，或者在休息日一起练习网球。

如果父母能和孩子一起练习，那么孩子的技能就会逐渐比其他孩子突出，于是会萌生出"我可以"的自信心，进而"想要做得更好"，然后更加努力地投入到训练中去。

出生于夏威夷的音乐家布鲁诺·马尔斯，是一位曾多次获得格莱美奖的歌手。他凭借高超的演唱功力和令人惊叹的现场表演一举征服了世界舞台。但他的才能并不是偶然觉醒的，而是在父母的指导下培养出来的。

除了基础的吉他和钢琴的演奏训练之外，布鲁诺的发声训练、舞蹈以及舞台表演，都是在父母每天的培养和教导下完成的。他在上小学时，还加入了父亲的乐队，在怀基基海滩的宾馆里，演出埃尔维斯·普雷斯利和迈克尔·杰克逊的模仿秀。

布鲁诺的父母通过指导他的基本技能帮助他取得进步，然后给他一个能得到周围人认可的环境。这样他就加深了对自己才能的自信，并朝着更高的目标继续努力。

父母要扮演支持孩子的角色，让孩子比周围的人做得更好。如果能做到这一点，孩子就可以通过参加课外兴趣班提高自我肯定感。练习的状态应当是孩子主动按照自己的意愿，兴致勃勃地练习并取得进步，而不是按照父母的指示不情愿地练习。随着不断取得新的成果，孩子"我能行"的自信心也会随之大大增强。

如果父母能找到孩子诚心要学的兴趣班，即使不督促他们"快去练习"，孩子自己也会耐心练习。另外，认真投入练习的孩子，也能够爽快地把课后练习这些必须做的事情先完成。因为想尽情地做"想做的事情"，所以也就自主养成了必须先完成"必须做的事"的时间管理能力。

孩子沉迷于游戏，不做作业，没有动力，是因为他没有找到自己真正想要做的事。只是单纯地让孩子加入兴趣班是没有意义的。比别人做得更好会增强孩子的自信心和自豪感，并能让他们认真地对待其他事情。

即使孩子已经上小学了也为时未晚。请一定要找到孩子喜欢的、想要做的、擅长的事，让他认真地挑战一下。随着年龄的增长，周围事物的难度也会"水涨船高"，挑战新事物也就会变得越来越难。因此让孩子"变得强大"是刻不容缓的。

为什么让孩子参与竞争非常重要

在兴趣班里,"参与竞争"非常重要。仅仅勤奋地练习钢琴是不够的,只有让孩子参加演奏会或参加钢琴比赛这样的竞争,才能让他们真实感受到自己的"优势",进步提高自我肯定感。

无论参加什么兴趣班,如果只是每周练习1~2次,参与小组的练习,只能让孩子停留在一般水平。为了使其成绩突出,获得"我能行"的自信,通过参与竞争的经历,客观地审视自己的技能是十分必要的。

参加竞赛的时候,孩子能清楚地知道自己哪些地方做得好,哪里还存在不足。比如参加足球比赛,孩子能够认识到自己带球力强、跑得快、控球强等优势。同时也会意识到"还需要提高传球技术",并且更努力地投入训练。

另外,在公开场合表演、演奏乐器的经历,能够锻炼孩子在压力下展示自己的实力,从而使其变得更强大。经历过多次竞争的孩子,即使在日常练习中也会考虑比赛时所需的技巧。如果一边练习,一边想象着真正的演奏会或比赛的场景,即使练习的是和其他孩子同等的难度,在熟练度的掌握上也会有很大差别。

孩子在正式比赛中发挥失常,是由于比赛经验不足。因为无法适应比赛节奏,压力过大而输掉比赛。如果日常训练中的态度过于放松,总以为一两次失误没什么关系,只要多练习就可以弥补的话,那么即使进行再多的练习也无法有效提高水平。

通过比赛能让孩子了解自己的"优势",并为提高"优势"而不断努力。另外,通过竞争可以帮助孩子战胜恐惧心理,让他们在紧张的环境里也能放松,自由发挥。

在竞争中,胜败要放到第二位

孩子参加竞争的时候,父母需要注意的是,不要过度关注胜负。当然,参加竞争的目的是为了赢得比赛,但是如果孩子百分之百发挥了自己的实力,即使输了,也要像赢了一样给予他高度评价。

如果父母过于执着比赛的结果,孩子会产生害怕和不安的心理,无法发挥出真正实力,也无法享受比赛的乐趣。为了培养孩子健康的胜负观,不论孩子在比赛中的表现如何,都应该对其抱着"尽力就好"的态度。

例如运动会和音乐比赛,大都带有"绝对要一发制胜"的严肃气氛。但是在儿童时期参加竞赛的目的是让孩子认真地对某件事情发起挑战，并感受到通过努力获得的成就感。胜固欣然，败亦可喜。如果输掉了比赛，那就从失败中再次站起来继续挑战。在孩童时期积累这样的经验，对人生来说是不会有负面影响的。重要的是"经历竞争"而不是"胜负"。

在让孩子参加比赛时，要考虑比赛整体水平。应选择那些在其能力范围内的竞争。如果同其他参赛选手的差距过于悬殊，可能会导致孩子自卑。要注意让孩子参加比自己实力稍高一点的比赛。比赛过程越焦灼，对其成长越有帮助。

发现孩子的水平又上了一个台阶后，可以让他们参加更高一级的比赛。再一次成功过关的话，就再提高难度。通过这样逐步加大难度，就能使孩子在不知不觉中达到优秀水平，真正做到出类拔萃。

从失败中总结经验

比赛中总有失败。无论多么势均力敌的比赛都一定会有胜负，无论参加何种比赛都不可能一直赢。谁都会有失败的经历，重要的是孩子失败时父母的态度，这关系到孩子的心理韧性的构建。

失败，是教会孩子从中吸取经验，把失败化为动力的好机会。告诉孩子"拼尽全力也失败了是没办法的。对手非常出色。接下来我们一起想一想下次怎么打败他""想想对方哪里比自己更出色""还要继续努力练习"，然后和孩子一起总结失败的教训，思考对策，争取下次比赛赢得胜利。

父母一定不要表现出灰心丧气，对孩子说一些负能量的话。失败后最伤心的人是孩子。如果父母的态度消沉，会让孩子感受到失败的恐惧，变得不愿接受新的挑战。

这时应该给予孩子安慰，微笑着鼓励他"已经很努力了，下次再赢他"，安慰他"无论发生什么，爸爸妈妈都陪在你身边"。如果孩子明白父母一直支持着自己，就不会对失败感到恐惧，会勇敢地面对下一次挑战。如果儿童时期没有失败的经历，长大以后经历挫折时就很难再站起来。<u>为了能在竞争型社会中生存下去，在失败中锻炼心理韧性是十分必要的。</u>

不要陷入完美主义

孩子在势均力敌的竞争中输掉比赛，父母是责怪孩子"为什么没做好"，还是认可他们的努力并告诉他们"已经很努力了",父母的态度影响着孩子的自我肯定感和抗打击能力。

日本瑞可利（Recruit）公司一项以日本和中国母亲为研究对象的调查，显示90%的中国妈妈表示"想尽可能地培养完美的孩子"，日本妈妈仅32%有此想法。

在教育孩子时追求完美是很危险的。

让我们复习一下埃里克森的理论。小学生一定要经历的课题是"勤奋"，即孜孜不倦、全力以赴的态度是非常重要的。对这个时期的孩子来说，竞争中的胜负结果并没那么重要。

让孩子参与竞争是培养孩子"勤奋"的手段。因此，与其关注结果不如重视过程；与其关注奖杯的大小，不如评价孩子努力的程度，表示出对孩子的认可。如果孩子拼尽全力还是输了比赛，父母依然要对他们的努力表达认可。在此基础上，鼓励孩子"下次我们一起想怎么能赢"。

如果孩子并没有发挥出自己的全部实力，而是中途放弃了，此时要询问孩子当时的想法。不要训斥他们"为什么不拼尽全力比赛"。孩子可能是由于没有自信、身体不舒服等原因，真的无法坚持完成比赛。父母这时要鼓励孩子"下次我们拿出全力,继续努力"。需要注意的是,如果父母陷入了完美主义,过分看重结果,将导致孩子不知所措,降低其自我肯定感和抗打击能力。

> 竞争,能让孩子清楚地知道自己的强项和不足,也可以帮助孩子战胜恐惧心理,让他们在紧张的环境里也能自由发挥。
>
> 竞争的重点是"经历竞争"而不是"胜负"。

找到优势科目的方法

前文讨论了如何让孩子通过参加体育、音乐或艺术等兴趣班，提高其自我肯定感。但是当孩子开始上小学，不再是兴趣班，学习成绩的好与坏就成为评价孩子的标准。学校是学习的地方，无论体育和音乐多么优秀，如果学习成绩不好，也得不到老师和同学的好评。

小学一年级是孩子建立"善于学习"的自信，或者是认为自己"不善学习"的分水岭。大家普遍从小学开始以考分成绩来评价孩子能力的优劣。于是成绩好的孩子自然而然会自信满满，成绩差的孩子自信心就会逐渐丧失。

从小学一年级开始，孩子每天有5~6小时是在课堂上度过的。如果无法完全理解课程内容，也就丧失了学习的乐趣和积极参加课程的欲望。长此以往，孩子就会丧失自信，认为自己"不会学习"，这一点要引起父母注意。

在学习方面建立自信的方法和兴趣班如出一辙。在小学一年级之前，教给孩子一些基本知识和技能，让孩子比其他同学稍微多懂一些。比如教孩子识几个字，或教一些数学基本运算法则。因为小学一年级的学习内容并不难，在开学前集中教孩子就可以了。

有些小学会在入学考试时，要求孩子提前学一些书本上的内容。但并不建议为了通过考试让孩子在幼儿期就进行过多的学习。幼儿期是孩子身心发育和成长的重要阶段，忽略这一阶段特征而让孩子学很多知识，并不能培养其自我肯定感。在参加小学入学考试的时候，也不要忘记培养孩子的自律性、积极性以及勤勉性。

语文能力和数学能力是最重要的

在学习方面的准备中最重要的是语文和数学。语文不仅是一个学科，也是学习所有科目的基础。其中快速阅读并且理解其内容的"阅读理解能力"，是在学龄期养成的。最好让孩子在小学一年级就养成爱读书的习惯。如果孩子喜欢读书，即使父母不说"快去学习"，他们也能自己读书，提高自己的知识水平和阅读能力。

孩子生来就爱读书。所有的孩子都喜欢看图画书，如果有人读给孩子听，他们会更喜欢。

如果父母能读给孩子听，孩子就可以在脑海中浮现出画面，仿佛看电影一般享受故事内容并记住故事情节。这就拓展了孩子将来的阅读理解能力。但如果家里没有提供这样的环境，孩子将立刻失去喜欢读书的天性。父母应该做的是要在孩子手边放一些故事书，全家人一起营造出温馨的读书环境。

训练的方法其实很简单。父母先引导说："要读故事书了，快来听。"给孩子选择适合他们的绘本，声情并茂地读给他们听。然后慢慢让孩子读一些文字更多的书籍，这样就可以将爱读书的天性转变成孩子的阅读能力。在儿童时期养成的阅读能力终其一生都不会丧失，将成为孩子宝贵的人生财富。

数学是一门解读"数字"的学科。想要"读懂"数字，就要求孩子具备与"阅读理解"不同的思维方式。因此与学习文字不同，培养孩子对数字的解读能力是非常重要的。首先从数数开始，接下来教孩子简单的运算规则。在上小学之前能计算两位数的加减法就已经足够了。

让孩子喜欢上数学的秘诀是日常对"数字"概念的理解和运用。利用日历问孩子"今天是几号""明天是几号""还有几天是休息日",等等。也可以教孩子"钱"的概念,在买东西的时候问"如果买胡萝卜和洋葱,要多少钱""5元钱能买几根胡萝卜""找回多少零钱",等等。当孩子习惯了与数字之间的游戏,便能愉快地掌握运算能力。

让孩子有一个擅长的科目

上小学后要注意让孩子有一个擅长的科目。在学习方面有一个拿手的科目,能大大增强孩子的自信心,提高自我肯定感。擅长数学的孩子,即使语文和政治稍微薄弱,也会因为有着"我很擅长数学"的自信,从而相信"其他科目如果认真学也能学好"。

就建立自信而言,有一个擅长科目就足够了。甚至说,在数学里只"擅长计算题"或"擅长几何题",又或者只擅长课程的一部分,也会和"自信"联系在一起。从擅长的科目出发进而使所有科目都变得擅长,也不是什么难事。

和兴趣班学习一样,孩子更善于学习那些符合其性格和兴趣领域的科目。喜欢读书的孩子可能更擅长语文,喜欢动物和昆虫的孩子可能更擅长理科,喜欢做饭的孩子也可能擅长理科，喜欢拼图和猜谜的孩子可能擅长数学，对塑料模型或机械感兴趣的孩子可能擅长工程学。如果孩子对计算机和游戏、编程感兴趣，并且对外国文化（外国动漫、音乐）感兴趣，可能擅长英语或其他外语。掌握这样的要领，把孩子的兴趣向着学术的方向引导。

让孩子有擅长科目的秘诀是，称呼孩子为"某某博士"。当称呼孩子为"百科全书"或给予孩子"昆虫博士、植物博士、地理博士、电脑博士、英语博士"这样的评价时，他们就会自觉地深入探究相应学科领域的知识。

父母都希望孩子在所有的新学科上都表现出色。但事实往往是，擅长语文的孩子数学成绩不好，擅长数学的孩子语文成绩不好。那么父母要做的就是，首先不要对孩子抱有过高的期望，其次鼓励孩子在喜欢的领域里发展。如果孩子在擅长的科目上表现出色，那么其他科目也自然会学好的。即使学得不太好，也依然对自己充满自信。

怎样才能培养孩子主动学习

每天喊着"去学习""去写作业",对父母和孩子来说都不是一件愉快的事。上小学的孩子也必须培养他们的勤勉性。

为了让孩子主动地投入学习,家庭氛围是非常重要的。孩子的玩具箱里应该有积木、猜谜、乐高、科学实验小玩具等能激发其好奇心的东西。

而扑克牌、优诺牌等纸牌游戏,以及国际象棋、黑白棋、象棋等这样的棋类游戏,也是锻炼孩子思维能力的好教具。

自主学习的孩子都有着很多与家人玩桌游和纸牌游戏的经历。因为从小就玩着锻炼思考能力的游戏,所以思考也就变得不痛苦了。

在家里可以设置孩子专用的书柜,用来摆放各种各样的图鉴,例如动物图鉴、鱼类图鉴、昆虫图鉴、宇宙图鉴、恐龙图鉴、人体图鉴、植物图鉴等,以引起孩子对自然科学的兴趣。除了图鉴之外,还可以摆放孩子喜欢的书。想要知道孩子独处时爱读什么类型的书,并且了解孩子的喜好,就一定要在书柜里摆上足够多的书。

观察孩子如何独自玩耍,找出他感兴趣和喜欢的事物,通过游戏和亲子互动向孩子传授与该领域相关的知识和经验。如果孩子喜欢小动物，提供一些充满趣味的动物知识书，他自然就慢慢地学习起来了。对于喜欢猜谜、拼图（思考）的孩子来说，就给他一些有关数学猜谜、数独、围棋或象棋方面的书。

应该让孩子上课外补习班吗

当孩子开始上小学后，所有家庭都会考虑是否要让孩子上补习班。我个人认为，所谓补习班是指孩子在父母无法给予辅导的领域里，接受的较高水平的学习援助。

孩子的学习能力不会因为去了补习班之后就突然变强，并如愿考上理想的学校。如果只是借助补习班的力量，而父母不给予支持的话，补习班也达不到预期效果。如前文讨论兴趣班时我们提到的，在体育和音乐兴趣班里，如果完全把孩子交给兴趣班老师，孩子的能力只能停留在平均水平。想要让他们成绩突出，父母的支持和鼓励是必不可少的。

倘若父母的英语能力并不出色，就有必要为孩子找一个英语补习班。如果想要考上那些入学考试超难的学校，但父母又辅导不了，找一个家教帮忙辅导可能也是非常有必要的。

为了拓展孩子的学习能力，其实他们身边需要有一个"不懂的时候可以问的人"。

每次都去补习班问老师在课堂上或做作业时不懂的问题是不现实的。很多孩子性格非常内向，他们遇到不懂的问题不是去问别人，而是暂时搁置不管。导致孩子学习成绩不好最主要的原因就是"放任搁置"那些不懂的问题。

如果父母在日常生活中对孩子的学习保持足够的关注，孩子在遇到不懂的问题时可以随时请教父母，也就不会把不懂的问题"搁置"在一边不管了。就我个人的经验而言，几乎所有学习成绩优异的孩子在小学时代得到的都是父母的辅导。父母应该在孩子参加补习班或找家教之前承担起辅导孩子学习的责任。孩子在读小学时所耽误的功课，通过父母及时认真的辅导，短时间内也是能追赶上的。

通过努力让各方面的才能开花

美籍华人迈克是一位天才少年。但他的才华并非与生俱来，而是通过不懈努力获得的。迈克在高中三年级的时候，作为全美成绩最优异的一百六十名高中生中的一员获得了总统奖学金，并且被邀请前往参加在白宫举行的表彰大会，领取时任美国总统奥巴马颁发的奖状。

迈克的网球水准在少年组中堪称顶级，其国际象棋、双簧管水平也相当高。迈克是怎样成功地成为一名全能少年的呢？关键就在于他的小学时代是在与父母一起参加各种活动中度过的。

迈克从小就开始与热爱网球的父亲一起打网球，并加入父亲担任教练志愿者的网球队参加联赛，积累了很多与各年龄段、不同类型选手比赛的经验。虽然体能是他的弱项，但是如果掌握正确的击球控制技术和策略，依然有机会战胜强大的对手。通过找出对手弱点，并持续攻击对方弱点，迈克的网球实力不断提升。

国际象棋也是迈克与家人的娱乐项目。迈克的哥哥曾经是国际象棋冠军，由于父亲也很擅长国际象棋，家人之间经常切磋。迈克通过下国际象棋学会了从对手的角度思考的能力、前瞻能力、抑制情感的能力等，并且把这些技巧应用到功课学习和网球练习上。

迈克母亲的职责是辅导他的学习和音乐。迈克喜欢科学，为了拓展他的兴趣，母亲让他参加了机器人技术班和数学兴趣班，倾尽全力地支持着迈克。迈克喜欢上音乐也是由于得到了母亲的支持。迈克随后进入了世界顶尖的常春藤名校学习,并且梦想将来把工程学、信息技术和医学相融合,做一份能拯救全人类的工作。

在小学一年级之前,教给孩子一些基本的知识和技能,让孩子比其他同学多懂一些,有助于他们入学后找到自己的"优势学科"。有一个拿手的科目,能大大增强孩子的自信心,提高其自我肯定感。

提高孩子智力的关键是什么

　　总是反复把孩子同兄弟姐妹、邻居、同学、兴趣班的孩子做比较，必定会导致孩子的自我肯定感下降，让他们感到不幸福。

　　当孩子上小学后，在学习或运动等各方面的优势和劣势就会显得非常明显。父母也会不自觉地把自己的孩子与同龄孩子做比较："xx 都能行，为什么你不行""xx 真厉害，好羡慕啊"。

　　一旦父母把孩子和其他同龄孩子做比较，那自己孩子身上的闪光点就会变得模糊。父母的关注点也就会从孩子的优点转移到孩子的缺点和劣势上。总是与其他孩子做比较，并且唠叨"为了提高成绩你要加油啊""为了进步你要加油啊""为了不要输给 xx 你要加油啊"的父母，无法客观真实地分析孩子的优势和不足，只会通过与他人比较来评价自己的孩子。

　　不要总是把孩子和其他人做比较，然后要求孩子更优秀。培养自我肯定感的关键是"认可孩子的全部"。不要忘记，孩子本来的样子是最完美的。

父母应着眼于孩子的优秀面加以表扬，尽量让其多发挥优势。这样孩子的优点被放大，缺点相对就会缩小。

与其和其他孩子做比较，不如让孩子和过去的自己做比较。比如多说说"去年还不会，现在已经可以自己完成了""昨天还不行，今天就行了"这样鼓励孩子的话。

赞扬孩子的努力（态度）而不是能力天赋

提高孩子智力的关键并不是表扬他的"能力"和取得的"结果"，而是表扬孩子的"努力"。比如说"你真有天分""你真聪明"这样针对"能力"的表扬，它另一层意思是，"自己很聪明不会失误，自己有天分不会失败"。这样反倒会给孩子带来压力。

同样，"考了100分真厉害""考了第一名真棒"这样针对"结果"的赞赏也可能会被孩子理解为，"有价值的是得了100分的自己，成绩第一名的自己，如果达不到第一名，自己就是没有价值的"。

斯坦福大学心理学教授卡罗尔·杜克博士曾经做过一项样本比对研究。他把测试样本孩子分成两组进行第一轮智商测试。测试题目是非常简单的智力拼图，几乎所有孩子都能出色地完成任务。然后研究人员分别给予两组孩子不同的表扬。一组学生受到的是"能力"型表扬，例如"做得真好"，"你真聪明"；另一组学生受到的是"努力"型表扬，例如"做得真好，你真的是拼尽全力啊"。

随后进行第二轮拼图测试，有两种不同难度的测试可选，两组孩子都可以自由选择参加哪一种测试。一种较难，但会在测试过程中学到新知识。另一种是和上一轮类似的简单测试。结果发现，那些在第一轮中被夸奖努力的孩子，有90%选择了难度较大的任务；而那些被夸奖聪明的孩子，则大部分选择了简单的任务。

由此可见，被表扬"能力"的学生，往往优先考虑"让别人看到自己有多聪明"，害怕面对失败，从而变得不敢挑战难题；而被表扬"努力"的学生，优先考虑的是"要继续努力"，因而勇于挑战难题。

这一研究表明，为了提高孩子的学习能力，"相比结果更认同努力"是非常重要的。

培养会学习的孩子的秘诀是什么

即使是天生聪明、高智商的孩子，在刚刚上学时也可能会因为学习成绩不理想而烦恼。为了拓展孩子的才能，父母应该着重培养孩子哪些方面的能力呢？

澳大利亚格里菲斯大学的亚瑟·波罗帕特博士对大学生的成绩和 IQ 测试中测定的智力以及性格的关联性进行了调查。调查结果显示，影响学生学习成绩的关键因素主要是"性格"而不是"智力"。

他的研究团队将样本的五大性格特质（外向、情绪稳定、合作、勤勉、灵活变通）的评估结果与他们的成绩和考试分数相对比，结果表明，对成绩影响最大的因素是"勤勉"和"灵活变通（即开放性思维）"。

波罗帕特博士表示，"学生的努力程度以及将这些努力集中在何处与他们的聪明程度一样重要。具有这样性格特征的学生，其成绩比那些不具备这一性格特征的学生更高"。

"灵活变通"是对知识产生好奇心，或是在获取新知识时，表现出的兴奋程度的主要因素，这种性格越强烈，在创造性方面的成就就越高。

"勤勉"是坚持不懈努力的动力，是五大性格特质中唯一可以预测是否能在任何领域中取得成功的因素。

为了让孩子将来有超强的学习能力，父母要着重培养孩子性格方面的"灵活变通"以及"勤勉"。把"勤勉"看作是孩子未来成功与否的关键并不为过。

16个心理习惯

如何才能获得更高的学习能力，培养出社会需要的人才呢？加利福尼亚州立大学名誉教授亚瑟·科斯塔博士，作为加利福尼亚教育部的课程设置制作人（负责指导学习），多年来一直致力于教育改革工作。在他与全美的教育者和研究人员的反复讨论中，发现成功的孩子有以下几个共同点，即"16个心理习惯"（具体见下表）。这些习惯不是一下子就能养成的，首先从最重要的"坚持到底"开始吧！

16个心理习惯	关键词
坚持到底	不放弃，坚持下去
控制冲动	在行动之前多思考，保持冷静
感同身受的倾听	为他人着想，专注地倾听
多方面考虑	考虑到其他可能性，寻找不同的方法
三思而后行	注意到自己的想法是否有偏差
追求真理	不断追求真理，对真理有考究
带着疑问提问题	发问
活用知识和经验	善用以前的经历
清晰思考、明确表达	清楚表述，斟酌语言
利用五官的感受收集信息	试着感受，活用感性
想象、创造、创新	独创
享受探索世界奥秘	观察，沉迷，沉醉
挑战	不惧危险，勇敢，冒险精神
保持幽默	放轻松，乐观
共同思考	协作，共同学习，互帮互助
不断学习	与时俱进，保持兴趣

提高孩子智力的关键并不是表扬他们的"能力"和取得的"成就",而是表扬他们的"努力"。

为了让孩子拥有自主学习能力,父母要着重培养孩子的"灵活变通"和"勤勉"。

优势能解救逆境中的孩子。让孩子参加兴趣班,是为了让他们获得优势和强项。而父母要扮演支持者的角色,让孩子比周围人做得更好。

第四章

世界各地的育儿理念

北欧：父亲参与育儿是理所当然的

法国：在餐桌上维系家庭纽带

美国：赞扬孩子以提升其自我肯定感

韩国：世界上最热衷教育，却有些力不从心

世界上自我肯定感最低的国家——日本的教育理念

获得两成诺贝尔奖，以彰显个性而闻名的犹太人的教育理念

北欧：
父亲参与育儿是理所当然的

瑞典、芬兰、挪威这些北欧国家总是在"养育孩子最轻松的国家""对于养育幼儿最友善的国家"排行榜上名列前茅。 不仅如此，北欧孩子的学习能力在世界上也属前列。人们甚至称北欧地区为"育儿天堂"。 那这背后的原因是什么呢？

虽然北欧各国人民的福利待遇非常优厚，各国政府都投入了大量资源协助家庭的养育工作。但这些并不是造就"育儿天堂"的根本因素。最重要的因素是——父亲会参与育儿工作。

在个人主义盛行的北欧，"夫妻共同工作"已成为普遍共识。也就是说，男性做家务是天经地义的，女性工作赚钱也是理所应当的。所以夫妻二人共同承担育儿的文化也根深蒂固。

父亲参与孩子的抚养和教育，不但减轻了母亲的育儿负担与压力，而且增加了与孩子之间轻松愉快的接触时间，因此北欧成为了"育儿天堂"。

实际上，在挪威申请育儿假的父亲比例高达90％，瑞典为80％。顺便说一下，美国为14％，日本仅为3％（2016年）。也就是说，日本的父亲如果提出育儿假会遭人白眼，而北欧的父亲则不会有这样的"待遇"。

育儿假能增强父亲与孩子之间的亲密关系和信赖感。哥伦比亚大学教授简·沃尔德沃格尔的研究表明，在孩子诞生时休假陪伴家人的父亲更有可能参与"后续育儿"。

"后续育儿"包括换尿布、喂养和照料洗澡。通过这些烦琐的育儿工作和对婴儿的照料，无疑加深了父亲与孩子之间的联系，同时对母亲来说也是极大的精神支持。

主要作用是减轻母亲的压力

为什么推荐父亲参加育儿呢？如前文所述，它可以减轻母亲的压力。父亲的参与有助于缓解母亲的压力，留给母亲更多的个人空间。孩子在0～3岁时，母亲与孩子亲密接触的机会较多。母子之间的关系是构成孩子心理以及人格方面的基础。

没有父亲参与的丧偶式育儿往往令母亲备感压力，心情沉重，眉头紧锁。这样是无论如何也带不好孩子、教育不好孩子的。

一旦母亲心情烦躁，就容易对孩子说出"不要这么做""不行"的命令和禁止型语言，这会让孩子的内心越来越无法得到满足；母亲压力过大时，会更频繁地使用"快点""抓紧"等催促型语言，这也会累积孩子的失败体验；当母亲身心疲惫的时候，会不经意地说出"一会儿再说""别任性了""适可而止"这样的否定型语言，这又会剥夺孩子自我肯定感，导致最严重的后果。

这当然不是母亲的错！大多数母亲在抚养孩子、做家务以及周遭环境的重重压力下，早已不堪重负。

因此为了让母亲能面带微笑，用开朗放松的态度与孩子相处，父亲的协助是不可或缺的。具体来说，父亲要帮忙照顾孩子，做一些简单家务，培养孩子的兴趣爱好，辅导孩子的学习作业，每个月设立一天让父亲与孩子单独相处（给予母亲自由活动）的时间，倾听母亲的心声（抱怨和烦恼），等等，营造充分理解母亲以及共同协作育儿的氛围，这样才能更好地教育孩子。

2～3岁，母亲是育儿的主角，
父亲是母亲的好帮手

首先，在孩子2～3岁，形成情绪和性格基础之前，育儿的主角是母亲。让孩子建立起自我肯定感的"被爱的感觉"，是通过与母亲之间亲密的肌肤接触而获得的。

父亲应当成为母亲的好帮手。做一些不是只有母亲才能做的家务事，例如购物、打扫卫生、洗碗、倒垃圾以及接送孩子等。另一方面，当孩子渐渐长大，父亲的责任也越来越大。比如带孩子外出活动、接触大自然、让孩子与不同的人接触等，这些事情都适合由父亲来做。

教导孩子集体生活的规范、尽全力做事的重要性、与人相处的技巧，传授孩子自立过程中必须掌握的知识、技能等，都适合由父亲来完成。

英国纽卡斯尔大学一项关于"父亲在育儿中的作用"的研究显示，成长期和父亲共处时间较长的孩子，智力指数更高，社交能力更强，职业生涯的完成度也更高。此外，有研究指出，与父亲相处时间越多的孩子，成年后对自己工作的满意度越高。该研究还指出，参与育儿的父亲虽然会暂时降低对工作的关注度，但从长远的角度来看并不会损害他们的职业生涯。

"父亲外出工作，母亲在家里教育孩子"这一价值观正随着全球化以及多元化进程的发展而逐渐改变。当前的世界标准是"教育孩子是父母二人共同的责任"。

"爸爸份额制"改变社会意识

以前，在北欧父亲参与家务和育儿也是罕见的。上一辈人，男性在外工作、母亲做家庭主妇被视为天经地义的事情。但随着女性进入社会工作，人们的工作方式逐渐改变，夫妻的生活方式也相应发生改变，最终育儿的分工也发生了变化。

另外，由于国家对相关法律的调整，父亲越来越容易有时间参与教育孩子，这对他们平衡工作和育儿提供了巨大的支持。

在挪威和瑞典开始实施"爸爸份额制"的制度。"爸爸份额制"也被称为"家庭友好政策"，即为父亲分配一定时间的育儿带薪假期。在挪威休产假可以有两种选择：其一，夫妇可休47周育儿假，拿全额工资；其二，可休57周，拿原来工资的80%。其中，父亲必休的育儿假为12周，这些费用都由国家承担。此制度的特点就是，父亲如果不申请育儿假，就会丧失部分育儿带薪休假的福利。

由于"爸爸份额制"的实施，大家普遍认识到如果想要保留全部的带薪休假福利，就必须申请育儿假。这样一来，父亲为配合孩子的出生而休假就变得顺理成章，父亲参与育儿也变得理所应当。人们正逐渐接受并理解男性育儿的重要性。

因此在北欧，即使是工作日，也经常可以看到推着婴儿车的父亲，以及父亲在公园或者儿童乐园里与朋友聚会，孩子在一旁玩耍的景象。

在双职工占多数的北欧，夫妻平均分配家务劳动是司空见惯的事情。不存在母亲包揽所有家务的情况，故此成就了"养育孩子最轻松的国家"的美名。

法国：
在餐桌上维系家庭纽带

什么事情让你每天平均花费 2 小时 13 分钟？

这就是法国人每日用餐所需的平均时间。对于法国人来说，吃饭不仅仅是"获取身体的营养"，更是与家人亲密沟通，加深家庭感情的纽带，是"获取心灵上的营养"。

只有在餐桌上，在吃饭时，夫妻间的交流、父子间的交流、孩子之间的交流才能同时进行。家人聚集一堂，大家聊聊当天发生的事，也是法国文化之一。另外，餐桌也是孩子用语言表达自己想法和意见，认真倾听别人说话的"训练场所"。

大家都认为法国人爱辩论，对自己的想法和观点从不妥协，这种气质或许就是通过吃饭时的对话来培养的！

法国人喜欢一边吃饭，一边讨论身边的话题或者就时事等各种事情展开讨论，发表自己的看法。但这并不意味着争吵。在尊重他人意见的同时，也能很好地表达自己的想法，享受讨论的过程。吃饭时的对话并不是想要驳倒对方，在辩论中感情用事，这在"享受饮食文化"的法国是坚决禁止的。

法国孩子总是在餐桌上和父母、兄弟姐妹以及客人讨论事情，即使对方是成年人也可以毫无顾忌地交谈。他们逐渐成为可以体面大方说出自己观点的人。法国人经常被认为我行我素，恐怕也是由于吃饭时和家人交换观点，非常明确地说出自己的想法以及观点而形成的气质吧！

吃饭时教导孩子规范

用餐有助于孩子养成自立的习惯和礼貌的举止。孩子长大一点时，建议让他们做一些家务。早晨起来之后，可以让他们帮忙把餐具摆到桌子上，从冰箱里拿出黄油和果酱，从橱柜里拿出面包。孩子应该担当起家庭成员的职责。

法国人每天严格地吃早、中、晚三顿饭。因此在家务中占绝大多数的是和做饭有关的事务。为了不让母亲一个人过于劳累，家庭中的所有成员都会通力合作。这样既增强了家人间感情的纽带，又给孩子带来了自我肯定感。

法国人在工作日大都会吃得很简单，但到了周末会吃一次豪华的大餐。从前菜到饭后甜点一应俱全，喝着红酒，悠闲地和家人朋友一起享受。周末把朋友请到家里，或者去朋友家做客，好友间彼此走动，一起享受美食确实是一件令人感到愉快的事情。

孩子们和大人一起享用全套美食。在法国，孩子原则上也吃和大人一样的食物，基本上是不会给孩子们准备特殊的菜品，只是食量有所不同。

孩子们在享用全套大餐的同时，能学到刀叉的使用方法、餐桌礼仪，以及关于食物（法国人讲究自产自销）和饮品有关的学问和小知识。由于边吃饭边讨论各种各样的话题，大家一起欢度这美妙的时光，所以往往会觉得时间过得飞快。午饭结束时已经过了傍晚5点也是常有的事。

在法国不成文的规定是，吃饭是一种享受，在吃饭的时候说教或者吵架都是忌讳的。用餐即为美事，这在法国人之间已达成共识。

法国人可供我们参考的育儿理念是他们"享用美食"的观念。这要求孩子改掉挑食的习惯，鼓励他们吃利于身体健康的事物，并教会他们餐桌礼仪。同时在餐桌上拒绝任何批评和说教，"享用美食"是每个家庭都保有的好习惯。

理想情况下，用餐期间全家人可以放松地谈论近期发生的事件和新闻。确保每一个家庭成员都能尊重他人的意见和想法，并营造一个可以自由发表任何言论的氛围。

享用美食与学习能力和沟通能力息息相关

虽然数据稍显陈旧,但根据日本倍乐生(Benesse)教育研究开发中心(中国孩子熟悉的"巧虎"即出自该研究机构)在 2007 年的调查报告显示,和家人一起享受早饭和晚饭的孩子,家人关系和朋友关系都很好。

据美国哥伦比亚大学进行的调查结果显示,每周与家人一起吃饭次数超过 5 次的孩子,学习成绩良好,很少产生不良行为。吃饭过程中的交流增加了孩子的知识量,丰富了语言词汇,锻炼了思考能力,也激起了孩子的好奇心。这也是为什么孩子的学习能力得以提高的原因。

在餐桌上,父母不妨多谈论一些关于工作、人际交往、政治经济、时事等内容的话题。这些孩子在学校里学不到的内容,能帮助他们吸收更多的知识,提高思考问题的能力。

在享用美食的过程中解决孩子的挑食问题

纠正孩子挑食的问题是很多父母的头疼事。为孩子提供安全且营养均衡的饮食当然很重要。但是"不要剩饭""要吃蔬菜""要吃鱼"这样强迫性的语言反而会激起孩子的抵触情绪，可能使他们更不容易改掉挑食的毛病。同样，吃饭时絮絮叨叨询问孩子"作业做了吗""和谁玩的""考试没问题吗"或责备孩子的话，也会使他们"关上耳朵"，变得听不进父母的话。

如果想让孩子改掉挑食的毛病，请务必在餐桌上营造良好的气氛。吃饭的时候不要唠叨、询问或说一些令人反感的话，注意保持愉快的对话。一边吃饭一边和家人愉快地交谈，孩子会被谈话内容所吸引，不知不觉就什么都吃了。

在家庭关系亲密，能在愉快的谈话中进餐的家庭里，很少有孩子会挑食。另外，对餐桌礼仪过分讲究的话，孩子也无法真正享用美食，而且对食物本身的兴趣也会降低。

如果在繁忙的工作日，无法做到全家人一起享用美食，那么至少请遵守在周末一起用餐的规则。

另外，做饭不是母亲一个人的事情，可以让孩子帮帮忙。试着与孩子一起买菜，洗菜切菜，炒菜。即使可能会失败，但这也是孩子很宝贵的学习经验。在让孩子帮忙的时候，不要忘了说一句："不好意思，可以帮我吗？"随后，孩子过来帮忙也要拥抱他说句"帮了大忙了,谢谢你"，以示感谢。通过让孩子帮忙做饭，能提高孩子的自我肯定感。

不管是父亲参与育儿的北欧，还是喜欢"餐桌育儿"的法国，其共同点都是强化父亲在家庭养育中的作用。也正因为父亲的"鼎力相助"，才有了家庭和谐和良性发展，也更强化了孩子的好习惯养成。

美国：
赞扬孩子以提升其自我肯定感

美国人教育孩子的特点就是赞扬孩子。"Good job（干得漂亮）""I'm proud of you（你是我的骄傲）"，这些话在我们听来或许会觉得有些夸张，但在美国司空见惯。

这种教育方式已被证实确实有效，"赞扬教育法"也开始越来越深入人心。但倘若我们只是学一些留于表面的形式，一味地模仿美国人用"真能干""好厉害"这样的话来表扬孩子，恐怕效果并不会太好。

美国人教育孩子的根本目的是培养孩子的独立性。所以当他们表扬孩子时会有意识地表达出"你自己做到了，真棒""不用别人帮忙就成功了"这样树立信心的赞扬。

如果我们没有意识到这一点，只是表扬孩子"好厉害啊""真能干啊"，有时反而会给孩子留下错误的印象。

例如和其他小朋友一起拿到一个玩具的时候，勉强答应让对方玩。此时父母可能会表扬孩子"真是好孩子"。但是换个角度想，这也会给孩子留下"谦让就是好孩子""容忍就是好孩子"的印象。如果孩子真的非常想玩那个玩具，也会逐渐导致其不懂得坚守自己的立场。

在这种情况下，不如加一句"能很好地控制自己的情绪，真棒"或是"自己也想玩，却能等其他小朋友玩完再玩，真棒"，就能保护孩子的自尊心。同时，如果孩子真的很想玩这个玩具，不妨教他们礼貌地告诉对方："我现在非常想玩，能稍微让我玩一会儿吗？"

注意表扬时的用词

父母应注意所使用的赞扬词。如果反复使用"你真能干""好厉害""很熟练嘛"这样的赞扬，会导致孩子心里产生一种优越感，他们会认为"我很厉害＝别人都不厉害""我很能干＝别人都不行"。

当他们看到有点笨拙的朋友，就会产生"这家伙太笨了，还是我比较厉害"的错误观念。相应地，人际关系也会变得很差。例如在课堂上做习题的时候，有的孩子两三下很快就做完了，然后鄙视周围的同学"这么简单的习题都不会做"。

总是被夸赞"真能干""真厉害""真聪明"的孩子，

总是认为自己比身边的人都优秀的孩子，很可能会养成看不起不如自己的人的态度。孩子应该做的是，走到那个正苦于无法解开计算题的同学身边，并对他说"我来教你吧"。

所以父母先别急着夸奖孩子"真能干""真厉害""真聪明"，而是对其努力的态度或成果，不妨用夸张的方式来赞扬他。

当孩子借给朋友玩具时你可以说"学会借给朋友了"，绘画方面有所进步时你可以惊叹"画的汽车真酷呀"，刷牙时你可以笑着赞许"能自己刷牙真舒服啊"。用类似这样的话把孩子能做到的事情具体表达出来，这样孩子也会感受到父母在密切地关注自己，感受到自己是被认可的。

当你发现孩子的成长和进步，例如能自己换衣服了、能自己穿鞋了、能自己画画了、能自己洗脸了、能自己收拾玩具了，请一定要用语言表达出你的喜悦和赞赏，试着用"能自己做××了"来表达。孩子的努力能为父母所见，其自信心会大大增加。

表扬孩子不是轻轻带过，重点是要针对具体的事

美国人的"赞扬教育法"还有一个特点，那就是"用具体的方式表扬孩子的优点"。

例如"阿曼达的声音真洪亮""珍妮弗的笑容真好看""简对人很亲切""扎克智力测验答得真快"。以上就是用具体的方式表扬孩子优点的美式表扬法。相比"好漂亮啊"这样的整体性赞扬，具体地表扬孩子"眼睛长得真漂亮""笑容很有感染力"，更能使孩子信心大增。这种表扬方法能使孩子进一步意识到自己的优点，并促进这方面优点得到实质性提升。

在亚洲那些表扬自己的孩子"笑容真好看啊"的父母往往被称为"傻瓜父母"，但如果父母都发现不了孩子的优点并给予赞美，那还会有谁能帮助孩子发现并发展他的个性呢？

虽然有些令人难以置信，但是让孩子表现更好的秘诀就是表扬孩子的优点。比如孩子在练习踢足球，要具体表扬他跑得真快，动作灵敏，传球很利索，带球能力强以及

射门能力强，这样一来孩子会自信地认为"我踢得真不错"，进一步发挥自己的优势。

另外，即使孩子做得不好也不要提及"弱项"，这一点在前文也有谈及。孩子被说"跑得真慢"，就会变得在意这一方面，从而失去信心。记住，不要触及孩子任何的弱项而只表扬他们的优点。只要铭记这一点，就能发现更多他以前被忽略的优点。

在竞争中提高孩子的自我肯定感

美式教育另一特征就是"在竞争中成长"。美国是一个强调市场规则的竞争性社会。孩子们每天都被各种竞争包围着。学校的学习、放学后的课外兴趣班和体育活动，甚至周末的时候还要参加体育比赛，根本没有时间玩。每天都过着"竞争"的日子。

美国人确实非常喜欢竞争。不仅是自己参加竞赛，也喜欢观看竞赛。从婴儿的打招呼比赛，到学校里的乐高比赛、机器人竞赛、拼词大赛、演讲比赛等，孩子们在各种各样的领域互相竞争，为了获得第一和提升能力而拼尽全力。

在美国，孩子如果进入了橄榄球队，就意味着加入到橄榄球联盟的竞争中。即使是初学者，也要参加每周的比赛。之前的训练都需要在家里完成，美国人认为课外兴趣班就是体验激烈竞争的地方。

丰富的竞争环境支撑着美国的竞争文化。孩子的竞争对手根据年龄和水平被详细分类，从初学者到大神，孩子能参加符合自身能力的各种竞赛。由于这个机制扎根于所有比赛中，所以孩子们可以和同级别的对手在激烈的比赛中相互竞争，提高技能。

美国父母在送孩子比赛之前都会说一句"祝你玩得开心"。相比输赢，他们更重视孩子在付出百分之百的努力后所得到的成就感和喜悦。所以比赛之后无论胜负，都要说一句"尽了全力"来表扬孩子的努力。于是相比输赢，孩子更能理解"坚持努力"的重要性。美国的教育理念是通过竞争的"激励"，提高孩子的自我肯定感。

韩国：
世界上最热衷教育，却有些力不从心

我常常对韩国妈妈热衷教育的程度感到惊讶。在我经营的夏威夷和加利福尼亚的辅导班里，可以看见很多韩国母亲带着刚上小学的孩子来补习。每当我和她们交谈时，她们常常说是为了孩子的英语教育才移民到美国的。

在韩国为了孩子的英语教育认真地考虑移民国外，并且付诸行动的家庭不在少数。那么，是什么让韩国父母如此热衷于教育呢？

一方面，在儒家文化根深蒂固的影响下，"学历信仰"是人们的根本价值观。韩国人普遍认为"孩子必须进入优秀的大学读书"。背负着这样的巨大压力，韩国成为了世界上最热衷教育的国家也就不足为奇了。早些年，人们的目标是考进像首尔大学这样的国内顶尖名校。但随着全球化的推进，也撼动了韩国顶尖学府的地位（价值）。

另一方面，点燃韩国母亲英语热情之火的是韩国企业的全球化。1996年亚洲金融危机后，韩国企业不断加速推进全球化战略。这也导致了如果英语不好，即便是毕业于国内名牌大学也无法进入大型企业工作的现象。于是韩国妈妈们又把目光投向了海外留学。

"现在即便毕业于韩国顶尖大学，也无法适应国际化社会了！我的目标是考入哈佛、牛津、斯坦福这样的世界名校。"有这样想法的学生在韩国比比皆是。韩国国内各行业间的薪金差距也进一步推动了这股思潮。韩国既重视学历，又极其讲究"职业排名"。在各行业中收入最高、社会地位最显赫的职业是医生、律师、大学教授以及政府公务员、大企业的正式员工等。许多父母都迫切希望自己的孩子将来能够从事这些职业。当每个人都想从事社会地位高、薪资水平高的职业时，某些职位的竞争就会空前激烈。

韩国人英语能力提升的原因

据国际教育协会（Institute of International Education）的统计数据，2015年在美国留学的韩国学生超过了6.5万人，仅次于总人口超过韩国人口10倍以上的中国（30.4万人）和印度（13.2万人）。同年相比日本在美留学生人数为1.9

万人左右,不到韩国人的三分之一。鉴于韩国人口不足日本的一半,他们对于留学美国的热情可见一斑。

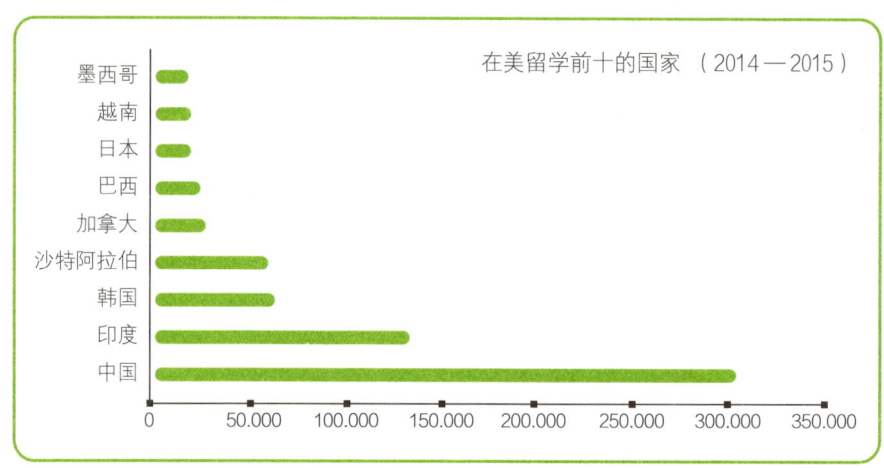

20年前韩国的托福成绩在亚洲仅列倒数第三,但在最近的20年里,韩国人的英语水平急速提升。从2017年托福平均成绩来看,亚洲29个国家中韩国排名第11位。形成这一现象的背景是国家层面的英语改革。

在经历了金融危机之后,韩国政府开始了教育全球化的改革。以往从小学4年级开始作为特殊课程的英语科目,升格为从小学3年级开始的正式教学课程;教学内容也从"语法阅读(以语法和翻译为中心)"的教学转变为更重视实用性的听力、口语、写作的课程。这种社会环境的变化让本来就热衷于学习英语的韩国人更痴迷于英语的学习。

小学生阅读《哈利·波特》，并且用英语讨论

在小学阶段就把孩子送到英语国家留学的家庭毕竟是少数，更多的孩子留在了韩国。他们有的参加被称为"英语学校"的英语补习班，有的在家上网课，为的就是努力提高自己的英语水平。在韩国不会英语就会沦入"失败者阵营"，因此孩子们都拼尽全力学习英语。

韩国的英语补习班不像普通补习班那样轻松，比如每周上1～2次、每次1小时左右的英语课。英语补习班是在放学后，每周3～5天，跟母语为英语的老师紧张而充实地学上3～6小时。据说到了补习班结束的晚上10点左右，在英语学校众多的首尔一角，总能看到接孩子放学的车辆把交通堵得水泄不通。

所有课程都由母语为英语的老师教授，英语学校的教学水平普遍很高。从小学就开始准备托福考试也是非常普遍的现象。即使是小学生也有能力阅读一些像《哈利·波特》这样的英文原版小说或文章，并发表读后感。用英语辩论的高水平授课也如火如荼地进行着。

由于有名的辅导班过于抢手，甚至出现了要通过考试才能进辅导班，这种过度竞争让韩国青少年感到十分疲惫，一度引发了社会问题。

在日常并不使用英语的韩国为了掌握高水平的英语，孩子们被迫努力学习。每天在英语学校接受5～6小时的纯英语教学，就像是在国际学校学习一样。只是与国际学校不同的是，孩子们白天还必须要在学校里读书。没日没夜都在学习的韩国孩子承担着相当大的精神压力。

拼命考进名校，经历挫折而退学的韩国学生

父母和孩子的努力得到了回报，很多韩国学生都拿到了美国顶尖大学的录取通知书。但是，意料之外的变故发生了。

在哈佛和耶鲁等美国顶尖名校留学的韩国学生中有44%的学生会选择中途退学。此数据来自于哥伦比亚大学教授塞缪尔·金的调查报告。

这些韩国学生自懂事以来就两耳不闻窗外事，将所有时间都花费在学习上。费尽千辛万苦才被美国名校录取，为什么却有近半数的人会半途而废，选择中途退学呢？

在聚齐了世界上最优秀的人才的美国名校里，始终都在成绩上保持出类拔萃是非常困难的。之前付出巨大努力而没有失败过的韩国学生，在进入美国名校之后，第一次尝到了失败（挫折）的滋味。这些辍学的韩国学生大多是

由于在世界级精英学生之间的竞争中失利，而彻底丧失自信，最终选择中途退学。

很多韩国学生只是学习，根本没有体育、音乐等课外兴趣活动的经历。这就导致了他们难以在集体中建立社会性的人际关系，也无法获得从失败和挫败中恢复信心并再次挑战困难的坚强内心。

让孩子接受高水平的教育固然重要，但更重要的是培养孩子坚强的内心。如果孩子没有一颗坚强的心，当他们面对挫折与打击时就会不堪一击。为了不再让孩子出现中途退学，我们必须着眼于培养孩子的自我肯定感，通过体育、音乐等方面的学习让他们对于环境变化有高度的承受能力。

世界上自我肯定感最低的国家——日本的教育理念

根据日本财团法人（日本文部科学省所属的教育研究机关）日本青少年研究所 2011 年针对日本、韩国、中国、美国高中生开展的一项调查显示，在"我是有价值的人"一栏中，回答"Yes"的日本学生为 7.5%、韩国为 20.2%、中国为 42.2%、美国为 57.2%。

虽然日本人谦虚的成分多少对数据有一定的影响，即便如此，认为自己有价值的高中生居然只有 7.5%，未免也太低了些。反过来说，也就是有 92.5% 的高中生认为自己没有价值。

日本的孩子与世界上其他国家的孩子相比，自我肯定感极低。自我肯定感低的人大都有着失败以及不快的记忆。而且因为过度害怕再次失败，所以不愿接受新的挑战。

在儿童时期没有培养起自我肯定感，就会形成对凡事都持消极态度，很难实现自己的梦想，最终成为一个人生幸福感很低的人。

我经过对世界各国儿童教育理念的分析，最后得出的结论是——日本人缺少自我肯定感的原因之一可能是受"不给别人添麻烦"的教育理念的影响。

据倍乐生在对日本、韩国、中国母亲进行的"希望孩子将来变成什么样的人"的调查中，71%的日本受访者回答"希望孩子成为不给别人添麻烦的人"，而韩国为24.7%、中国为4.9%。为什么日本人如此执着于想让孩子成为不给别人添麻烦的人呢？

想要知道答案，就要追溯到日本的江户时代（1603 – 1868）。在江户时代，武士阶层约占日本总人口的7%，这一人群的观念是"一切都是为了家园"，也就是对天皇的绝对忠诚。在他们的心目中"顺从"才是完美的生活方式，同时也是他们的价值观。

在这种价值观的影响下产生了"连带责任"的强迫性思想。一个人的过失由集体承担责任，在极端情况下，甚至会危及整个家族。武士们整天背负着"家族衰败"的恐惧战战兢兢地生活着。

江户时代把"个性"叫作"毛病"。"有毛病的人"就是非常有个性的人。这样的人有时惹出什么乱子，就会对周围的人产生不利影响。因此众人就产生了打压"有毛病的人"的群体心理。所有人们会断绝与不守秩序的人交往。这一思想一直延续至今。

当然，如今的日本不存在连带责任，但一种价值观一旦根植于一个民族，不可能在朝夕之间就从人们心里消失。

母亲希望孩子变成不给别人添麻烦的人的想法，其实就是"想让孩子和别人一样"，不希望孩子成为引人注目的存在。这当然没什么不对，换个角度说，是为了孩子不成为"显眼的人"，不成为被欺负和被排挤的对象，是为了保护孩子，为了让孩子在日本社会中生存下去的母性本能。

但是，为了不让孩子成为出头之鸟，把他们培养成一个认真、顺从的人而压抑了其个性发展，控制其自主行为，这就与培养孩子的自我肯定感最重要的保持孩子的真实个性这一理念完全背道而驰。

过于在意周围人目光的日本人

我经常在商场里看到追在孩子后面警告他"不要碰""不要去那""不能跑"的日本母亲。在孩子的眼中，商场里有许多没见过的新鲜玩意儿，看到之后想要摸一摸也是人之常情。但是母亲持续地监视着孩子的行为，告诉他们"不要给店里添麻烦""不要碍着别人的事"。

当孩子的哭泣给周围人带来不便时拼命哄孩子，当孩子在户外跑动时立刻上前阻止，在公园里如果与其他孩子争抢玩具时马上夺走玩具并给其他孩子玩……不管孩子在哪，都会在"不给别人添麻烦"的大义下被监视，并被持续地控制着。

日本妈妈对孩子的管束过于严苛，但总是限制孩子的行为，他们就会失去"干劲"。

<u>为了培养孩子的自我肯定感，让他们在自己想做的事上体验成功是不可或缺的。</u>父母总是控制孩子的行为，夺走他们自我行动的机会并不可取。

父母以及周围的大人对于孩子的自发行为如果能以稍稍宽容的态度对待的话，或许可以提高孩子的自我肯定感。所有人都是在麻烦周围人的环境下成长的，更何况是连规矩和常识都不懂的孩子。失败、犯错、给周围的人带来麻烦都是必然的。孩子要在失败中"自我学习"，控制自己的行为。与其对孩子说"不能跑""不能碰"，迫使孩子不情愿地放弃，不如让孩子用自己的眼睛看到物品损坏、体会摔倒后的痛苦、感受吵架给别人带来的厌烦，这样他们就会主动地控制自己的行为，也能更好地培养自我肯定感。

不是放任不管,而是减少干涉

我并不是说让父母对孩子放任不管。父母应该有意识地为孩子营造能自由发展个性的环境。例如喜欢四处乱跑,这对于很多男孩来说是天性使然,但在商场里是不能到处跑着玩的,因此,带孩子去公园或广场,让他们尽情跑跳玩耍更符合其发展要求。

在东京的"富士幼儿园"里,园区就被修建成了甜甜圈的形状,孩子们能从屋顶一边欢呼嬉笑着,一边自由自在地一圈圈奔跑玩耍。在这样的环境下,父母也不会对孩子说"不行"了,孩子可以尽情地做自己想做的事。据调查显示,孩子在幼儿园每天要跑 4~6 千米的路程。孩子们的能量是不可估量的。

对于在医院或其他公共场所里跑动的孩子来说,不要一味对他说"不行",而是要明确地指出为什么这样做不行。首先要表达出"爸爸妈妈喜欢这么有活力的你",在此基础上再告诫孩子"但是跑动也要分场合"(需要遵守的社会行为规范),并且对孩子说:"一会儿带你去公园玩,在这先忍耐一下吧。"孩子便会回答"好的,我知道了"并且期待着忍耐的回报。先让孩子冷静下来,用语言向他们做出解释，并且让他们对未来的玩耍有所期待，大多数孩子都会接受这样的管教和规矩。

培养孩子自我肯定感最有效的方法就是"父母减少干涉"。如果认为户外环境嘈杂，怕给别人添麻烦，可以选择在自己家里、祖父母家里，或那些同样已为人父母的好朋友家里，适当创造让孩子可以安全玩耍的环境。对孩子过度干涉的不仅仅只有日本人，也是整个亚洲父母的共同特征。在确保孩子安全的前提下，父母应当减少对孩子的过度干涉与控制，这样孩子的自我肯定感才能有所提高。

获得两成诺贝尔奖,以彰显个性而闻名的犹太人的教育理念

先来看看犹太人取得的辉煌成就:

共 170 人获得诺贝尔奖(占据所有获奖者的 20%)。

占常春藤名校学生 21%。

占肯尼迪中心荣誉奖获得者 26%。

占奥斯卡金像奖获奖者 37%。

占普利策奖获得者(非小说类)51%。

这还仅仅是占世界总人口 0.2%(1400 万~1700 万人)的犹太人丰功伟绩中的一部分。他们无论是在学术、政治还是在艺术、娱乐、文学等领域,都涌现了相当多的优秀人才。此外,脸书的马克·扎克伯格,谷歌的拉里·佩奇和星巴克的霍华德·舒尔茨都是犹太人。全球最富有的人中约有 35 % 是犹太人。(福布斯)

犹太人在各个领域中都涌现出大量杰出的领导人才,这与他们的家庭教育密不可分。遭受多次迫害,沦为"流

浪之民"的犹太人，始终坚持的信念就是，永远无法被窃取的只有"知识/头脑"。犹太人的家庭教育一定会教会孩子以下5点：

- 个性是非常重要的
- 为发挥自己的特长和强项而努力
- 培养积极向上的性格
- 锻炼想象力
- 终身学习

　　这就是培养自我肯定感的过程。充分尊重孩子的个性，并重视孩子的优势。鼓励孩子给自己定下目标，然后为了实现目标而坚持不懈地努力奋斗。

　　被父母逼着学习，与孩子充满干劲主动地学习所取得的成果是完全不同的。父母的职责并不是命令孩子学习，呵斥着控制孩子的行为，而是激发孩子学习的好奇心，引导孩子主动学习。

　　犹太父母教育孩子学习的目的是"为了让世界变得更美好"，让孩子怀有远大的志向。为了让孩子觉得"学习是愉快的事情"，父母与孩子一起读书，或到户外让孩子体验大自然，不断地激发其好奇心。当孩子看到父母满怀着好奇心和旺盛的求知欲，也会自然而然地探索自己感兴趣的领域。

大多数犹太父母对待孩子的行为都很宽容。虽然从旁观者的角度看可能有些"不守规矩"。但是，如果孩子想按照自己的意愿行事，父母不会阻止（当然是在父母确保孩子安全的前提下）。让孩子自己做主，有时会成功，有时会失败，但孩子会在失败中反思自己的错误，进而对学习产生热情。

据好莱坞电影大导演史蒂芬·斯皮尔伯格回忆说，自己在儿童时期曾经患有识字障碍（当时没有意识到），学习成绩很差，喜欢在邻居家里搞恶作剧。但是这个沉迷于摄像机的少年从来没有被母亲呵斥过。母亲总是说"你的捣蛋也太有创意了"，接受他的活跃和热情，温柔地与他相处。

培育出天才的犹太人的家庭教育里，不存在"强制"和"灌输"，而是尽可能地发挥孩子的才能、兴趣和热情。父母会创造激发孩子好奇心的环境，努力寻找孩子的兴趣和热情。在发现了孩子感兴趣的方向后，父母就浇水、施肥，并且把这一"萌芽"培养成高水平的"优势"。这就是犹太人把孩子培养成一流人才的秘诀。

批判性的思考

犹太人自幼就习得了不被常识所束缚，辩证地思考问题的能力。他们在阅读、学习《希伯来圣经》时，老师会问："有什么疑问吗？"一般来说，圣经是神圣的，不容置疑的。但犹太人并不这样认为，他们觉得圣经也可以是验证的对象。

大多数父母会问放学后的孩子"今天学了什么"，而犹太父母问的是"今天提了什么问题"。这表示在学校并不是被动地听老师上课，而是为了激发孩子主动提出问题和自发寻找答案的学习欲望。如果还有不明白的地方，当场提问可以消除学习中的困惑。

在犹太家庭里，好像保持着孩子向父母"传授"学校里学到的知识，给父母"讲课"的传统。把自己学到的知识教给别人，能让孩子更好地理解学习的内容。因为给别人"上课"，必须更深刻地理解这些知识点。这就需要养成在学校上课时认真听讲，一旦遇到不会的内容立即毫不犹豫地提问的习惯。谷歌创始人拉里·佩奇幼时接受的就是在可以充分发挥想象力的环境下，对常识也不乏质疑的家庭教育。为了让孩子养成这样的习惯，犹太父母擅长灵活运用提问。

犹太家庭经常聚在一起讨论问题。这并不是要把父母的价值观强加给孩子，教给他们道理，而是为了教给孩子对同一件事情的看法是不同的。并且孩子从小开始就参与讨论，更有利于培养他们表达自己的观点，并坚持自己的想法。这一点相当重要。

讨论不是吵架，而是一种提出问题、解决问题的知性游戏，犹太人的家庭教育告诉我们，这是一种享受。

管教的目的是聆听"自己内心的声音"

犹太人真的就不管教自己的孩子吗？答案当然是否定的。犹太人管教孩子的特点是，让孩子思考。犹太父引导孩子聆听"自己内心的声音"。惹父母生气的时候与其控制孩子的行动，不如问问孩子内心深处"哪里做得不好"，让孩子学会自省。

犹太人认为，人的内心分为"善之冲动"和"恶之冲动"，所以孩子理所当然会有不好的行为。很多孩子认为在禁止乱跑的地方跑来跑去是非常有趣的，但是如果孩子在跑的时候撞到了人，让对方受伤或者损坏了公物，那他就必须受到教训。以后再遇到这种情况就会克制自己，不再乱跑了。

犹太人管教孩子的方式是，通过一次次的经验教训让孩子知道自己的言行会产生怎样的后果。并不是因为被父母训斥，被老师训斥，被周围人训斥而克制自己的言行，而是孩子来自内心的声音"那样不好啊"控制了自己的言行。让孩子放开手脚自由尝试，然后从得到的经验教训中学习好与坏。

犹太人对孩子的管教说到底是"对孩子的敬意"。不懂得尊重孩子的父母，也得不到孩子的尊敬。首先，父母作为孩子的人生导师要做好尊重孩子的示范作用，孩子慢慢就会懂得尊敬父母，变得听从父母的话。不仅对待孩子如此，对待伴侣也是一样。如果父母彼此不尊重，例如批评对方的缺点、说脏话、看不起对方，孩子看到了也会加以模仿。因此我们应该向犹太人学习，时刻意识到孩子会模仿大人的行为，有意识地管控自己的行为举止是十分重要的。

第五章

谁都会出错！重点是把握差异

养育与教育的区别

过度保护与过度干涉的区别

纵容与满足孩子想撒娇心理的区别

父母分工不同

男孩与女孩的养育方法应不同

养育"兄弟姐妹",方式各不同

养育与教育的区别

如今发达国家所关心的是"教育"。全世界的父母们为了自己的孩子能接受更好的教育而积极地收集各种教育信息,改善孩子的教育环境。早教热潮、学前教育、为了应付考试的填鸭式教育正在全世界蔓延。

必须明确区分"养育"与"教育"。如果把二者混为一谈,孩子的心灵发育就会产生扭曲。

- 养育的目的是"心灵培养";教育的目的是"习得智力、技术"
- 养育的主力是"父母";教育任何人都可以,中坚人物为学校老师、教育专家等
- 养育需要模拟人类关系,其过程烦琐、费心;教育可以借助电脑、AI实现效率化

养育重点为心灵培养,教育则是智力和技术的习得。

若混淆二者，致使智力占比大于心灵，孩子的发育就会出现扭曲。在提升才智之前，必须夯实作为基础的内心。特别是在现代社会，只有比以前更倾心地培养孩子的内在，才能支撑在内在基石之上累积的才智。

虽然世上的教育每天都在发展，但养育就像是被忽视、被抛弃、被遗忘了。也正是这一现状导致了年轻人抑郁、无精打采、药物依赖、家里蹲、不上学、家庭暴力等不良行为比比皆是，精神世界荒废颓靡。科技的发展让人们的生活越发便利多姿，但养育孩子是无法做到效率化的。养育不可或缺的是人与人之间的心灵交流，是一个需要倾注心力的过程。

教育虽然成功了，养育却失败了

我的一对中国友人培养了两名学习能力十分优秀的孩子。大儿子考上了哥伦比亚大学，女儿考上了宾夕法尼亚大学。想必外界一定认为这对把两个孩子都送入常春藤联盟的父母脸上有光，过着既骄傲又幸福的生活。但是长子在进入大学后就拒绝与父母对话，也没有主动打过电话，毕业时没有给父母寄邀请函并坚决拒绝父母参加自己的毕业典礼。亲子关系完全崩塌了。

虽然这个例子比较极端，却有许多与此相近的故事。孩子虽然考上了常春藤联盟大学，却没有找到自己想做的事，毕业后浑浑噩噩失去了人生目标，无所事事；孩子进了顶尖大学，却不断消耗、放纵自我，不学习，一心只想着游戏与聚会；孩子进了世界顶级大学，却由于在激烈的竞争中遭受挫折与打击而心灰意冷，最终辍学。

虽然教育成功了，养育却是失败的。

这样的案例越来越多。可以说所有的亚洲人都是"学历主义者"。把教育看得比什么都重要。认为进了好大学就是人生成功的标志，只热衷于填鸭式教育，而忽视孩子的心灵培养，长此以往孩子的成长必定出现扭曲。

只学习知识，只会死记硬背的孩子，不具备自我认知（自我认同），他们不知道自己想成为什么样的人，想过怎样的人生。所以就会在不清楚自己想做什么的情况下，在不知不觉中升学，不知不觉中就业，不知不觉中换工作，过完漫无目的的一生。

这里再次强调，养育是只有父母才能做到的事。因此养育孩子绝对不能托付于他人。虽然把教育孩子交给教育工作者是可行的，但是负责孩子心灵培养、人格形成的责任人永远是父母。

平衡硬实力与软实力极为重要

中国、日本、韩国等亚洲国家在育儿上的共同点是"智育偏重主义",也可以说"偏重硬实力"。硬实力指的是能用考试分数来评价的实力。

而以美国为首的西方教育界关注更多的则是思考能力、沟通能力、创造力、协调力、领导能力等"软实力"。软实力是难以用考试分数来评价的能力。

由于从事教育工作,我接触过各种各样的亚洲人,大部分的亚洲孩子都是足不出户的书呆子类型。这就是家庭偏重硬实力的结果。

如前文所述,只知道怎么在考试中取得高分的孩子,在踏入现实社会之后将寸步难行。而美国的大学很早就以AO(Admission Office)方式决定录取与否。AO方式中,"考试分数"只是评价学生的标准之一,除了考试成绩,考核标准还包括:运动、音乐等课外活动的经验与实际成果;志愿者、实习等社会活动实绩;老师的推荐信再加上主题是"想在大学做些什么""自身的价值是什么""将来想做什么"的小论文。经过综合评价来判定学生是否合格。

在哈佛大学与普林斯顿大学的入学考试中,即使在学历测试 SAT 中取得满分也不一定会被录取。因为如果仅靠考试成绩来判断学生合格与否，就会造成学校偏向于录取"同类型的学生"。以"多样性能创造新价值"为理念的美国大学寻求的是硬实力与软实力平衡的学生。这样的大学在自身悠久的发展史中得出的结论是要把智力水平高、软实力也强的学生聚集起来，让他们发表各自的意见与见解，百花争艳，最终培养出优秀的领导者。

大学是培养领导者的地方

在此背景下，2014 年 11 月，64 名亚裔学生控诉哈佛大学，认为哈佛判定考试成绩优异的亚洲人不合格，却让成绩相对较差的西班牙裔和非洲学生合格是不合理的。

此申诉被美国教育部驳回，判定哈佛大学根据自己的独立标准来判断学生是否合格并没有错。

受此影响，现在一些亚洲顶尖大学也相继开始导入美国的 AO 入学考试方式。例如日本京都大学就导入了名为"特色入学考"的 AO 方式。此选考方式除了考察考生的学习能力之外，还会评价其"学习意愿"来决定考生是否合格。

持续了很长时间的偏重知识型入学的考试即将谢幕，重视综合能力的入学考试即将成为主流。到那时，左右孩子是否合格的是什么呢？答案就是平衡的硬实力与软实力。

哈佛大学心理学教授霍华德·加德纳博士提出了"多元智能理论"。加德纳教授说："不能只用IQ（可以通过测试来量化）来评定人的智能，人类有着IQ测试无法测评的多元智能。因而人们有着自己擅长和不擅长之处。"

IQ之外的智能包括艺术才能、运动能力、社交能力、领导能力等，体现着孩子的个性与优势，是孩子走向幸福生活的基础。

"It's not how smart you are. It's how you are smart.(到底有多聪明不是问题的关键，重要的是怎么变聪明)"加德纳博士说道。今后的社会需要的人才必须了解自己的优势，并能够不断拓展这一优势，最大限度地发挥自己的能力和优势。

过度保护与过度干涉的区别

保护是守护孩子生命、心灵安全的行为，无论给予多少保护都不为过。因此本来就不存在"过度保护"这一说法。如果孩子寻求母亲的保护，那就给予孩子保护使其得到内心的满足。虽然有人认为抱着爱黏人、爱撒娇的孩子就是"过度保护"，其实完全不必理会这种闲言碎语。在孩子能自己走路、吃普通的饭菜之前，给予"腹外胎儿"适当保护十分重要。如果说回应孩子的诉求就是"过度保护"，那么就请父母们自信地对孩子进行"过度保护"。

过度干涉，是指当孩子按照自己的意愿试图去尝试某事时，父母、周围的人先于孩子去做的行为。例如，2岁的孩子自己努力试着用杯子喝水，因为会洒，结果父母来喂，这就是过度干涉。孩子想做自己力所能及的事，如果被周围的人抢先做，不利于培养其自主性和自立。

"我想不借助别人的帮助，自己试一试""想自己尝试"是人类的自然诉求。如果父母以"危险""脏""费时间"等理由强行抹杀孩子此类诉求，就是剥夺孩子的成长机会。孩子的自主性孕育在"做自己想做的事"里。守护孩子自主的尝试行为十分重要。如果孩子成功了，请好好称赞他，这将极大地增强其自我肯定感。

在这一点上，不管孩子多大都一样。请父母一定要忍住想插手、插嘴的冲动，尊重孩子的意见，努力守护是关键。如果父母进行干涉，说得过多，就会阻碍孩子自己思考，致使其变成没有自我思考能力，只按别人的指示行动的人。

掌握管教的时机

"过度保护"可以促进孩子的自立，过度干涉则是阻碍。在养育孩子的问题上，搞清楚两者的差别极为重要。但难免也有无法满足孩子依照自我意愿行动的时候，比如2～3岁的孩子参加集体活动时，就很有必要进行干涉和管教。

管教是对孩子现有状态进行的干涉。请注意，如果掌握不好管教的分寸与方式方法，就会使管教变成过度干涉，会剥夺孩子的干劲。管教的基本准则是先充分满足孩子的内心需求，再进行管教。训练如厕与饮食对于孩子来说需要消耗大量的"能量",因此向孩子补充爱的"能量"很关键。让孩子的心里满满都是爱,再进行教育,教育过程会变得非常顺利。

孩子进入集体社会之前,在家庭生活中要充分地传达爱,让爱充满孩子心灵的每个角落。父母示范并教导孩子基本的社会规范,孩子便能顺利地适应集体,与朋友构筑良好的关系。

<u>管教的时间点是在孩子情绪稳定时</u>。孩子不安、撒娇时,请先以舒适的肌肤接触来安抚,让其情绪稳定之后再开始教育。另外,作为管教的前提,请注意以下 3 点:

- 满足孩子想撒娇的情绪
- 充分示范
- 让孩子积累成功的体验

以孩子的自立为最优先考虑的美国父母的做法是:关注,守护孩子的自主行动,并以上述三要素为育儿基本原则。即使孩子弄脏衣服、弄乱房间,只要属于孩子"想自己试试看"的自主行动就予以允许与守护。这不单单是让其自由行动,更是让孩子体验、累积属于自己的小成就。

注意语言上的过度干涉

父母的话语对于孩子心理发育有着巨大的影响。其中应该特别注意避免那些指示、命令、催促性的语言。

为了管教孩子而不得不限制其行动时，请一定要向孩子说明"为什么不行"。不分青红皂白地命令孩子"你得这样做"或"不行"，孩子是无法理解的。被训斥"不行""不可以"，还会使孩子感觉自己被否定了。

过多地抑制孩子自主行动的行为是过度干涉，会剥夺孩子的干劲，埋下不满的种子，最糟糕的情况是孩子会因此形成反抗心理。

即使是成年人，如果被伴侣或是上司唠叨说"请那样做""这样做"的话，也会日渐积累起受挫与不满的情绪。孩子也一样，内心的不满日渐堆积，终将在某一时刻突然爆发，表现出生气、发脾气的行为。

<u>想让孩子做什么，不要忘记以"请求""拜托"的姿态。</u>受人"拜托"时，人的内心是会被感动的。不要觉得对方只是孩子，没法和他们讲道理。试试看拜托他们控制自己的行为，孩子一定会听。

催促的语言导致失败

当今社会是一个一切都追求速度的效率主义社会。慢腾腾地前行很快就会被人赶超，工作学习亦是如此。

效率主义也影响着育儿。经常可以看见有父母在完全没有必要的情况下催促孩子"赶紧做""别磨磨蹭蹭的"。被催促的孩子会衍生出"必须得快点""一定得快"的焦虑情绪，导致孩子极为紧张，就连那些只要冷静下来就能做成的事儿，也怎么都做不好了。

特别是年幼的孩子，指尖的肌肉柔弱不发达，不擅长做细致的工作。他们系鞋带相当于大人戴着厚厚的手套系鞋带。父母如果再对孩子施压催促"快点"，孩子就会变得焦躁，手忙脚乱。

催促的语言对于孩子来说就是让其"体验失败"。引起失败的就是"必须做好"的压力。一次次重复同样的失败，孩子就会丧失自信，随之自我定义"我不行"。

在付诸行动之前就自我否定，自暴自弃地认为"我不行""反正结果都是失败""我做不到"的孩子越来越多。这是孩子随着挫败感的累积，形成了"我不行"等一系列的消极态度。

我知道父母、孩子都忙。但为了孩子能健全地成长，花些时间"等待"很有必要。父母哪怕稍稍等一下孩子，都能帮助他们累积成功感，自我肯定感也能随之增强。

当孩子按照自己的意愿尝试做某事时，如果父母先于孩子去做，就属于过度干涉。过度干涉会剥夺孩子的干劲，埋下不满的种子，最糟糕的情况是孩子会因此形成反抗心理。

管教的基本准则是先充分满足孩子的内心需求，再进行管教。

纵容与满足孩子想撒娇心理的区别

如今的父母对"娇惯"一词有着极度的厌恶感。但是其实这是所有生命必经的一步,"想撒娇"的心理如果不被满足,将不利于孩子的成长。撒娇,是孩子健康成长过程中必然经历的一环。

问题是,大部分的父母(或者是祖父母)都混淆了纵容与满足孩子想撒娇的心理。但两者其实截然不同,搞清楚它们的区别,对于如何养育孩子极为重要。

孩子出生之后在"被父母爱着""被父母所接纳"这样切实感受的基础上保持情绪的稳定。撒娇,是孩子确认自己是否被爱着、被接纳的行为。婴儿哭泣、黏人也是确认被爱的行为。父母接受此试探,用舒适的肌肤接触传达爱意,允许并接受孩子的撒娇是爱的回应。

撒娇的情绪得到满足的孩子有着"自己是被爱着、被接纳"的自信,这也是心灵的基石。他们以后就算不撒娇也能顺利地踏上自立的道路。

相反，即使严厉地教训"不许撒娇"，也不能抑制孩子想撒娇的心理。孩子想撒娇而不被父母接受，"自己没有被爱着，没有被接纳"的不稳定情绪就会暗暗涌动于心底，孩子下次就会想着向父母以外的人撒娇。具体表现为任性，反抗，不听话。

如果此时父母的反应是"如果按照我说的做就给你买玩具""听话的话就给买零食"，用物质来满足孩子想要撒娇的心理，撒娇就变成了骄纵，孩子也会变得对物质十分执着。

对物质的执着是想撒娇的情绪没被满足的表现

孩子从出生的那一瞬间就开始要求母亲"满足自己的撒娇"。母亲也把抱抱、哺乳视作理所当然。而此时母子的亲密接触决定了孩子对爱的感知度。

孩子的生命诞生于母亲腹中，然后在母亲的子宫里历经十个月。胎儿通过母亲的身体获取营养，感知周围世界，即使听不见外界的声音，也能由母亲的心跳与声音震动来传递感受。因此被母亲抱在怀里，听母亲的心跳，被母亲温柔地哄着，是孩子最有安全感的时刻。

当然除了母亲，父亲、祖父母也会哄孩子。但是母亲之外的角色很难百分之百满足孩子对安全感的需求，导致孩子心灵养料不足。

母亲在孩子小时候充分满足他们的撒娇诉求，就是助其打下今后能正确面对人生的基础。相反，如果孩子的撒娇诉求没有被满足，即使表面上无任何迹象，心里缺憾也会一直残存。于是就算不跟父母撒娇，也会向祖父母、幼儿园老师等人撒娇。如果无法找到撒娇的对象，孩子内心的不满足就会表现为不听话，对周围人乱发脾气，自残，攻击他人等。

在商场哭着喊着要买玩具的孩子，其实是内心没有被满足，所以想用物质来填补内心。孩子执着于物质是孩子情绪不稳定的表现。此时，绝对不能用物质来满足孩子内心的空虚。母亲应当做的是一边抱着孩子，一边安慰他，增加温柔舒适的肌肤接触，满足孩子的撒娇情绪，让其情绪稳定下来。

撒娇表现在叛逆的言行上

满足孩子内心的空虚（给予孩子舒适的肌肤接触）不是娇惯溺爱孩子。只要孩子想要得到爱，无论如何都请毫不吝啬地给予。另一方面，用物质来填补孩子内心的空虚就是娇惯溺爱。造成孩子独立迟缓的原因是孩子未建立自我肯定感。

撒娇表现在经常性的叛逆言行中。总是回答"不要"，不听话，哭喊闹腾，或躺在床上一动不动，这些全都是因为孩子想撒娇。请不要偏颇地认为孩子任性、不听话。若强行镇压或者放任不管，反而会助长孩子的叛逆心理。

叛逆不仅出现在幼儿时期，在少年时期与青年时期也很常见。此时只要接纳孩子并回应"好了好了"，让孩子尽情撒娇就好。孩子内心得到满足，便有勇气离开父母的怀抱。

孩子通常会在环境变化或被迫改变习惯的时候表现出叛逆。比如刚上幼儿园，上小学，有弟弟妹妹，搬家，做作业等，就会有情绪不稳定的倾向。对父母、周围人的反抗是内心不安的外在表现。

面对这种情况，在孩子还小的时候可以用增加舒适的肌肤接触解决，孩子稍微大一些，就抱抱他、摸摸背、揉揉肩，一边肌肤接触，一边安抚孩子"好了好了"，并倾听他说话。这种应对方法适用于绝大部分的情况。千万不要将父母自己的情绪与意见强加于孩子。

自我主张与自我主义

区分"自我主张"与"自我主义/任性"也极为重要。每个孩子到了2~3岁都会反复强调"自己来"。从食物的喜好到穿衣的偏好,孩子都有自己的答案:我觉得那个好,不要这个,我想要这个。母亲必须要能判断这是孩子的主张还是自我主义。

自我主张表现在"自己的心情""自己的喜恶"上。想穿这件衣服,想穿那双红色的鞋子,想多玩会儿,想玩这个玩具,这些都是孩子的自我主张。自我主张是有着自己的想法与意见但同时也考虑别人。所以如果告诉他:"妈妈知道你还想再玩会儿,但是得回家准备晚饭了,所以明天再来玩吧。"孩子就会听话乖乖回家。

另一方面,自我主义是独占欲,是让别人听从自己想法的干涉欲。明明必须回家了,却闹着要再玩一会儿让妈妈为难,就是自我主义的表现;(要玩具、要冰激凌等对物质的欲望也属于自我主义。)自我主义不考虑别人,只想着自己。

自我主张代表着孩子的个性,同时也会尊重别人,站在别人的角度考虑问题;而自我主义是欲望,请父母一定要好好用语言教导他,告诉他别人不会轻易满足他的欲望。

和朋友争夺玩具时，父母必须认可孩子，"想玩这个玩具"是孩子的自我主张。但同时必须让孩子学习控制自己，告诉他："爸爸妈妈知道你想玩这个玩具，但是咱们也借给小伙伴玩一会儿吧。"自我主张有时会演变成为"我绝对不借"的自我主义，所以父母的态度和处理方式至关重要。

> 孩子通过撒娇，来确认自己是否被爱着、被接受了。而对物质的执着、叛逆的言行，是想撒娇的心理未被满足的表现。
>
> 当孩子和小朋友争夺玩具时，父母必须认可他"想玩这个玩具"的心理，但必须纠正和制止他"必须独占"的行为。

父母分工不同

决定父母分工之前，首先父母（尽可能让祖父母也参与进来）应共商家庭的教育方针。想把孩子教育成什么样？想让孩子在20岁时成为什么样的人？和伴侣商讨，定下育儿目标。

怀抱着崇高的理想抚养孩子是好事。父母好好思考，把理想中孩子的样子描述出来。明确目标后，育儿的偏差与分歧就会减少，孩子也能安心地跟着父母的步调成长。

定下了育儿目标，接下来就可以决定如何分配父母的任务。把家里大大小小的事都算上，比如，谁什么时候照顾孩子、主要由谁来辅导孩子功课、谁接送孩子，夫妻共同决定，重担就不会只落在母亲一个人身上。

本书一直强调，从孩子出生到2岁左右的这段时间，与孩子亲密接触的主要是母亲。舒适的肌肤接触以及为其提供充分的保护，能构筑母子间的信赖关系，帮助孩子建立自我肯定感。这一时期，母亲是育儿的主角，父亲是辅助角色。

2~3岁开始，和父亲活动玩耍很重要

在孩子可以自己走路，自由活动，能用语言清楚地表达自己后，就需要加重父亲一角的作用。和孩子一起玩耍、自然的身体接触，与父亲有点粗暴的玩耍互动，能帮助孩子提高运动能力与社会性。

虽然对于孩子来说自己一个人玩积木或者玩具也很重要，但他们其实更喜欢和父亲一起玩。一些不能和母亲玩的放肆游戏，可以和父亲一起尽情地玩。挂在父亲手臂上，站在父亲脚上走路，骑在父亲背上玩等，对于孩子来说，有力量的父亲是最好的游乐设施。

在幼儿期与父亲的关系越密切，接触越多，孩子的语言能力、认知能力、社会性也就越好。越来越多的研究结果表明，父亲参与育儿对孩子的自我肯定感有积极的影响。

马里兰大学的教育学家娜塔莎·卡布雷拉博士团队的一项调查显示，父亲与孩子的关联度（父亲参与育儿的程度）越高，孩子的情绪稳定性与认知能力也就越高。

蒙特利尔大学的心理学家丹尼尔·帕奎特博士的研究结果表明，幼儿时期和父亲快乐玩耍经验越多的孩子，面对不熟悉的环境时越勇于接受挑战。

父亲与孩子玩耍有助于孩子的生长发育。父亲的支援，能减轻母亲的育儿负担。夫妻关系越和谐（母亲越信赖父亲），孩子的问题行为也就越少发生。

母亲是呵护孩子心灵，
父亲是助其提高社会性

到了孩子进入集体社会（幼儿园、小学等）的年纪时，父亲可以带孩子外出活动，为其创造与他人多接触的机会。

例如，通过运动教会孩子遵守规则，教会孩子刻苦训练的重要性，教会孩子与同伴交往的方法，教会孩子在自立、成长的过程中必须掌握的方法和技巧。

加州大学伯克利分校教授戴安娜·鲍姆林德关于父亲的干预影响孩子独立性的发展研究、和父亲的关系影响孩子朋友关系的研究、父亲的关系影响孩子社会性发展的研究等，都明确表明了父亲有促进孩子社会性发展的作用。

另一方面，请母亲以呵护孩子心灵为中心。孩子的内心同时存在着自信与不安。孩子情绪不稳定时，不安的比重就会大于自信，此时孩子就会释放出"不安，帮帮我吧"的信号。请母亲不要忽视这个信号。当孩子表现出与往常不同的行为时，就是孩子不安的表现。吃手指、咬指甲、尿床、黏着父母、不想去幼儿园、闹别扭、磨人等行为的增加，都是孩子在向父母诉说着自己的不安。

如果你发现这种迹象，请不要触碰孩子的"不安"，用心帮助孩子增加自信。6岁前的每一天，孩子都在自信与不安之间摇摆。偏向于自信时活泼有活力，偏向于不安时情绪低迷且消极。不要忽视孩子内心细微的变化，用舒适的肌肤接触来帮他们调整状态吧！

父亲参与育儿的比较

日本倍乐生以东京、首尔、北京、上海的父亲为对象进行了一项调查。调查结果显示，与中国两个城市的父亲相比，东京与首尔的父亲在各个层面都有参与育儿较少的倾向。

在工作日陪孩子超过2小时的父亲，北京与上海有70%以上，而东京只有30%，首尔约为40%。

几乎每天都在餐后收拾碗筷的父亲，对比于北京的31.3%、上海的30.6%，东京能做到的父亲仅有17%，首尔为12.5%。

和孩子一起在室内玩耍的比例，北京是 39.5%，上海是 39.4%，与此相比，东京是 17.9%，首尔是 27.5%。

和孩子一起热衷于兴趣爱好的比例，上海 51.6%，北京 48.1%，东京 9.8%，首尔 7.1%。

每天跟伴侣和孩子聊天的比例，最高的首尔为 50.7%，北京为 38.6%，上海为 38.2%，东京为 35.3%。

和孩子一起学习的比例，北京 81.3%，上海 85.7%，首尔 38.3%，东京 51.8%。

对另一半继续工作非常赞成的比例，上海 51.3%，北京 45.9%，东京 35%，首尔 34.4%。

婴儿时期，母亲和孩子的关系最为密切。2～3岁开始，父亲的加入至关重要，此后孩子与父亲的关系越密切，接触越多，其语言能力、认知能力、社会性就越好。

男孩与女孩的养育方法应不同

培养孩子自我肯定感的方法，男孩和女孩应有所不同，孩子的成长方向自然也不同。母亲没有作为男性的经验，所以需要注意接触男孩的方法。父亲也没有作为女性的经验，所以也得注意如何接触女孩。如果硬是把孩子的性别看作和自己一样，可能会产生意想不到的恶果。

一般来说，女孩的思想与身体的发育都比男孩早，育儿一般也能很顺利地进行。这使得很多母亲不能理解自家的男孩为何发育慢且有许多令人费解的行为，从而导致冲突。

男孩基本上是"靠吹捧提升自我肯定感"的。不管是幼儿还是成人，推进男性行动的准则都是如此。归根结底，男性动机单纯，被称赞"你做得很成功""你认真思考""很可靠""很帅气"，被吹捧、表扬之后就会心花怒放，干劲满满，主动行动。很多母亲对男孩感到很棘手，说到底是因为想用教育女孩的方式（让其遵从模式化的规则）来教育男孩。

而女孩基本上是以父母（特别是母亲）为榜样提升自

我肯定感的。女孩比男孩对人类更感兴趣，观察人的能力更敏锐。所以需要母亲与孩子建立良好关系，树立言行举止、礼仪、集体规则、沟通交流的榜样，孩子就会模仿学习。母亲微笑、开朗、礼貌、和蔼地对待他人，也是对孩子的一种言传身教。

女孩相比男孩也更倾向于遵守、捍卫"规则/集体和谐"。所以只要反复"示范"→"模仿"→"给予称赞"，孩子的自我肯定感就会日渐增强。

违反常识、打破规则是男孩的活儿

养育男孩通常更费心。母亲像教育女孩一样，示范、树立榜样，男孩虽说会模仿，但时不时还会反抗。男孩讨厌遵守规则，讨厌被命令，讨厌被指手画脚。"想自己试试""想做和别人不同的事"的心情比女孩强好几倍。许多母亲对男孩的这种特性不了解,试图用"那样做""这样做"的指示来命令孩子，其实是行不通的。

利用男孩"想要被妈妈表扬"的心理来激励孩子行动是不错的选择。想把男孩培养成可靠、可以依赖的孩子，可以试着他问"能帮妈妈忙吗""能帮妈妈想想该怎么办吗""能保护妈妈吗"……信赖孩子，拜托孩子帮忙，可以增加称赞孩子的机会。母亲多多称赞孩子"变得很可靠了""好帅气"，男孩们也会渐渐产生"必须更加努力才行"的心理。

一般来说男孩比女孩具有更强的竞争心。巧妙利用这个心理，男孩的行动也会变得容易控制。与其命令"请做××"，不如换成"与妈妈比赛做××吧"，男孩其实更吃这一套。不管是收拾、打扫、学习、运动，都试着用这种方式激励男孩的竞争心吧！

否定类词汇对于男孩来说意味着自尊心受到伤害、贬低、被比较。绝对不可以在他人面前训斥孩子，贬低孩子"不行""真差劲""太糟糕了"，或者把孩子与其兄弟姐妹做比较"为什么姐姐都可以做到，你却不行"。

男孩自尊心一旦受伤害，就会变得"玻璃心"。只要遵循男孩需要褒奖与称赞的原则，就可以培养出"为了妈妈"而拼尽全力努力奋斗的青年。这个原则也适用于成年人，妻子对待丈夫也用同样的方式，夫妻关系也会变得更加和谐。

男孩的学习始于看，女孩始于听

在养育孩子时还需要注意一点，男孩和女孩接收信息的方式不同。一般来说，男孩获取信息是从"看"开始，女孩则是从"听"开始。

东京大学通过开展以小学生为对象的"在英语学习上英语熟练程度与脑活动关系的调查"，结果显示在学习英语时，男女脑部活动存在明显差异。学习新单词时，女孩倾向于反复发声，以声音为轴心的听觉记忆法，男孩则更倾向于使用空间想象法等视觉记忆方法。

例如，教男孩做某件事时，父母（特别是父亲）采取"示范"的教育方式，教育成果会十分显著。譬如做运动时，比起用语言向孩子说明该怎么做，尽早通过和孩子一起观摩电视上的比赛，和他们一起做运动，可能更适合男孩。

手把手教，"有一定模式"地教则是教育女孩的正确方式。教男孩说到底只需要示范就可以了，剩下的就是让他们自由发挥创造。男孩即便不看乐高的说明书，只看完成效果图就能开始动手组装。

另一方面，在教女孩时用语言说明会取得更好的效果。无论何事都用语言好好说明，孩子吸收得更快。女孩对语言的敏感度高，方法、规则之类的只要能好好地向其阐明，便能在短时间内习得并掌握。

　　了解了男女学习方式的差异，就能因材施教，更高效地帮助孩子提升学习能力。让女孩听教科书的诵读，或者让她们朗诵教科书，所取得的效果极佳。

　　让男孩们看照片、动画、图表等，或者让他们动手画画。当然，以上规则并不适用于所有孩子，只要分清自家孩子的"学习风格"，就能在短时间内做出正确引导，帮助孩子提升能力与才能。

　　一般来说，女孩的思想与身体发育都比男孩早，育儿过程一般也更顺利一些。

　　女孩基本上是以父母（特别是母亲）为榜样来提升自我肯定感的，男孩则是"靠吹捧提升自我肯定感"的。

　　男孩获取信息是从"看"开始，女孩则是从"听"开始。

养育"兄弟姐妹",方式各不同

如果身为父母的各位有了第二个孩子之后会怎么做呢?会想着要平等地养育每个孩子吗?事实上,平等原则会给孩子的自我肯定感的形成带来恶劣影响。总而言之,没有必要平等地抚养所有孩子。请以大孩子为中心(优先)进行抚养。

弟弟或妹妹出生后得注意,需要更多关怀的是家里的长子(女)。"你已经是哥哥(姐姐)了,要学会忍让"是绝对不可以使用的语言。原因是他们会由于弟弟妹妹的降生而感到寂寞。他出生时,身份还是独生子(女),独占了父母的爱。因为有了弟弟妹妹,所以被父母教导"你变成哥哥(姐姐)了,妈妈爸爸要把爱分一半给弟弟(妹妹)",大孩子是无论如何也理解和接受不了的。也许父母不会说这样的话,但是孩子会这样觉得。

有了弟弟妹妹之后,大孩子得到的来自父母的爱减少了,这会使家里的大孩子变得情绪不稳定。比如在医院看到母亲抱着正在喝奶的小婴儿,他就会产生强烈的嫉妒心理，觉得"我最喜欢的妈妈被别人抢走了"。同时"被妈妈爱着"的自信也会开始动摇。

大孩子就会觉得为了抢回妈妈的爱，只要自己也变成小宝宝就行了，因此开始吮吸手指、尿裤子、缠着妈妈、哭着闹着不想去幼儿园，做出让父母困扰的奇怪行为。

为了夺回父母的爱，有些孩子会选择做一些"好事"，但大部分孩子都会选择做"坏事"或者"奇怪的事"。孩子本人没有意识到在做"坏事"，只是一心地想要引起父母的关注。而大孩子的这种寂寞心情没被父母理解，反而被父母用"学会忍让""别添麻烦"等话推开，他们就会心灰意冷。

让大孩子照顾弟弟妹妹

如果大孩子出现了明显的反常行为，父母需要安抚他并向其道歉"对不起,让你觉得孤单寂寞了"，并紧紧抱住他。接下来再拜托大孩子帮忙照顾弟弟妹妹。不要让母亲一个人背负照顾小宝宝的重任，拜托家里的大孩子帮助拿尿布或纸尿裤，在旁边看着小宝宝，帮忙给小宝宝洗澡等。

让大孩子和母亲一起照顾小宝宝，他就不会感到被疏远了。拜托大孩子"能帮妈妈拿一个纸尿裤过来吗"，孩子帮忙拿过来后一定要记得对他们道谢，再给他们一个爱的拥抱，大孩子也能因此感受到"妈妈需要我的帮助"。请记得每次都要好好向孩子传达"谢谢你帮助妈妈"。帮助别人后被感谢的快感也能帮助孩子提升其自我肯定感。

让大孩子照顾弟弟妹妹，他们自然会变得疼爱弟弟妹妹。弟弟妹妹受到哥哥姐姐的照顾，也就懂得了尊重哥哥姐姐。如果孩子们的此类经验较少，弟弟妹妹就容易戏弄哥哥姐姐，兄弟姐妹关系差，争吵不断。

让父亲至少每周照顾小宝宝一次，为母亲与大孩子创造两人独处的机会。让大孩子可以尽情地向母亲撒娇，用爱充盈孩子的内心，大孩子的怪异行为就能渐渐得到改善。

由于弟弟妹妹的出生，大孩子不能再独占父母的爱，但爱的分量只要有一点不足就会造成大问题。照料弟弟妹妹的责任不能让母亲一个人来背负，需要父亲、祖父母以及家里的大孩子的协助。

向每个孩子都传达"我最喜欢你了"

给大孩子补给了爱的能量，大孩子的情绪以及心境渐渐恢复平静后，向之前有点被忽略的小宝宝投放大量的爱。具体方法想必各位应该都已经了解了吧，那就是让人身心愉悦的肌肤接触。

再向各位提供一点稍微有点受争议的小建议，和每个孩子都说"妈妈最喜欢的是你"，但仅限在和孩子单独相处时。

要让每个孩子都觉得自己是母亲最爱的孩子。孩子收到这样的告白之后，自然也不会认为父母"不公平"而累积不满。因为即使直截了当地告诉孩子，"大家对爸爸妈妈来说都是一样的重要"，孩子们也会感到不满足。

虽然有些不可思议，但单独告诉孩子"爸爸妈妈最喜欢你了"，每个孩子的自信都会因此得到大大地提升，且不会产生任何不良后果。而且孩子不会告诉自己的兄弟姐妹自己被母亲告白"你是最重要的"。

需要注意的是，在传达某些具体的感谢或者是值得开心的事时，比如对孩子说"谢谢你帮助妈妈，妈妈最喜欢你了"。这不是说谎，因为就当时的场景来说，他的帮助对母亲来说就是极为重要的，此时"妈妈最喜欢你了"是传达自己的真实情感。

当然随着孩子的成长，他们就会明白"最喜欢的是你"这句话其实母亲跟每个孩子都说过。但再次让人震惊的是，孩子们之间不会互相打趣说"你瞒得还挺好"。反而会感到"妈妈真的很伟大"。

第六章

如何应对"问题"孩子

如何搞定可怕的2岁

如何摆平不听话的孩子

对待不服输孩子的方法

如何帮助交不到朋友的孩子

如何帮助极其内向、畏首畏尾的孩子

如何安抚有暴力倾向的孩子

如何搞定可怕的 2 岁

孩子在 2 岁左右开始具备了自己的思考和运动能力，从此迈上了自立的道路。所有孩子都有着想要离开父母，"靠着自己能力试一试"的独立心。与此同时，孩子也会感受到与父母分离而带来的不安和寂寞，并且在"自立"和"撒娇"之间摇摆不定。

一般来说孩子此时处于反抗期（或叛逆期）。虽然我们称之为反抗期，但孩子并不是有意识地想要反抗。而是由于无法清楚地表达自己的想法，无法控制自己的行为而烦躁不安。此时父母的处理方式对孩子自我肯定感的影响是非常大的。父母对孩子的某些奇怪行为不必过于干涉，保持平常的相处方式，以平和的方式对待孩子就可以了。如果父母对孩子有足够的自信，孩子的反抗将会很快平息。

年幼的孩子因为无法充分地表达自己的意图和感情，从而倾向于说出带有"不要"的词语。这时父母要注意，不能简单地把"不要"理解成孩子是在反抗。父母应该分辨出"不要"背后的意思，究竟是孩子想要伸张自我主张还是自我主义。然后鼓励孩子学会伸张自我主张，并制止孩子的任性行为。

孩子说"不要"，其实往往包含着"虽然想自己尝试却又对自己不够自信"的意思。"你自己可以吗"——"不可以""那我帮你吧"——"不要"。此时父母切忌感情用事说出"随你便吧"这样的话。孩子还没有信心能做好，父母应该用"最开始做不好也没关系""失败也没问题的"这样的语言来安慰孩子。这一点是非常重要的。另外，有时孩子带有反抗意味的言行，实际是想要撒娇的表现。这种情况下，父母只需要增加与孩子的肌肤接触，让他们感受到被爱着的感觉就好了。

通过占有欲判断孩子的个性

前文也提到过，自我主张是对自己意愿的表现，也就是孩子的个性。自我主义虽然也是表达自己的意愿，但是对周围的人和事会无所顾虑。并且很多情况下从对物品的"占有欲"中可以看出孩子属于哪种类型，父母要做好判断。

简单易懂的例子就是买玩具。孩子会说"我想要这个玩具",这就属于伸张自己意愿的自我主张。但是"必须要这个玩具",不买就大哭的行为,则被归为任性的自我主义。此时,应该引导孩子"你很喜欢这个玩具吧",让孩子意识到自己的意愿。在此之后,告诉孩子:"买玩具需要钱。今天妈妈的钱不够了,下次咱们再买吧。"如果孩子妥协,就告诉他"你能理解妈妈,妈妈真高兴,谢谢你宝宝。"并且拥抱他。这样一来,孩子不仅可以控制自己的任性,也得到了父母的爱作为回报。

当孩子听不进去父母的建议时,轻轻拍拍他的背,抚摸他的脑袋让其先冷静下来。并且再一次尝试让孩子"再稍微忍耐一下"。如果这样也无济于事,就一直重复以上同样的过程。需要注意的是,父母要和孩子一样有"真的太喜欢这个玩具"的心情,要让孩子感受到父母理解自己喜爱玩具的心情,他就会有被理解的安全感,慢慢就会接受劝告。要注意,不要反复说"我不喜欢你这么不听话的孩子"。

另外,不要对孩子使用物质刺激,说"听话就给你买××""再忍一会儿就给你买××"这样的话。这样做的后果是在向孩子传达"哭喊就能得到东西",从而埋下了自我主义的隐患,父母一定要引起注意。并且告诉家里其他人也不要轻易给孩子买东西。

正确引导孩子的热情

2岁的孩子想靠自己的力量独立行事,是热情饱满的"自立期"孩子。即使在大人看来孩子的行为十分任性,但如果换个角度来看,孩子的行为充满了干劲和自我主张,有勇气。父母需要做的不是告诫孩子"不行""不能去",而是把这种做事的热情往积极的方向引导。

对于好奇心旺盛的孩子,可以送他一些能激发求知欲和好奇心的玩具,帮他积累"我可以"的成功体验。例如给孩子提供积木、书籍等,可以提高孩子的注意力,增强其认知能力。

对于好动的孩子,多带他去公园或者体育场这样的场所,一起和他追逐玩耍,或者玩玩单杠、滑梯这些孩子喜欢的游戏。而且父亲需要参与其中,在家里也多与孩子进行一些活动身体的游戏。在幼儿时期运动能力得到充分锻炼的孩子,长大后无论从事何种运动,都能达到很高的水平。

尽可能地让孩子做到"自己的事情自己做"。例如上厕所、吃饭、换衣服、洗脸、刷牙、洗澡等这些孩子能做的事让孩子自己完成,父母在一旁照看就好。年纪小的孩子,脱衣服的时间都比较长,父母也要注意别急着伸手帮忙,让孩子自己完成是非常重要的。

按照父母的思路指导孩子做事，会变成"过度干涉"，会从孩子的心里夺走做事的热情。而且孩子会意识到自己是在父母的控制之下，从而导致孩子不听父母的话，做出一些不当行为。父母要让孩子适当地按照自己的想法做事，为其创造积累成功经验的机会，这对培养自我肯定感是十分重要的。

培养孩子的语言能力

2~3岁的孩子处于学习语言的最佳时期，身边的人所讲的语言孩子都能学会。但是要注意一点，<u>孩子最开始学会的语言也就是母语，必须和值得信赖的人交流才能习得。因此，让孩子看电视、手机并不能使其学会母语。</u>

母语作为孩子思考和沟通时的重要基础，没有学好母语的孩子不仅在学习方面表现迟钝，也处理不好人际关系。因此父母应重视孩子的语言灌输，唱歌给孩子听，给孩子读一些故事书，陪孩子一起玩。

语言能力的发展取决于输入词汇的量。担心孩子母语能力发展迟缓的父母应该注意增加语言的输入量。培养孩子的母语能力是通过人与人之间的交流。也就是说，需要父母提问，然后孩子回答，且必须不断重复这一提问和回答的过程。父母无论多忙，都不要忘了挤出时间和孩子多沟通。

培养孩子母语的过程，也是向其传达爱意的过程。亲子之间充满爱意的语言越多，孩子的情绪就越稳定，对培养其自我肯定感很有帮助。这样孩子的捣蛋行为会逐渐变少，而且母语能力强的孩子也具有超强的思考能力和学习能力。

进一步而言，母语发达的孩子，第二语言（外语）的学习过程也会非常顺利。如果想让孩子学好英语，首先应该学好母语。母语中培养起来的语言能力、思考能力以及表现力，都能原原本本地应用在第二语言学习上。反而言之，母语薄弱的孩子，通常第二语言也学不好。

让孩子用语言表达自己的感情

对已经可以进行简单对话的孩子，要引导孩子自己组织语言表达情感。如果能很好地表达自己的情感，孩子的意愿达不到满足的情况就会减少，他们的情绪通常更稳定。人类基本情感分为喜、恐、悲、怒。父母要让孩子在游戏中体会到自己内心存在的各种情感。

一边做亲子游戏，一边说"真好玩啊""真开心啊""真舒服啊"等一些表达喜悦的词汇。在玩一些稍微困难的、全新的、需要冒险的游戏时，用一些"真吓人""害怕呢""好担心"之类的词汇引导孩子表达恐惧。在输掉游戏时用一些"伤心啊""后悔呀"等表达悲伤的词汇。在某些事情进展不顺利的时候，使用"好烦躁""真生气"等表达愤怒的词汇。

孩子体会到了内心的情感，并且能够用语言表达出来，才能控制自己的情感。从只会用"不要"这样简单的词汇来表达自己的状态，到能使用"不知为什么有点担心"这样的句子来表达自己，周围的大人也就能理解孩子的心情并且能够安慰他。

很多教育学专家指出，不良学生或行为不当的学生具有的一大特点是"无法很好地表达自己的情感"。也就是说，自己内心真实的感受与自己表达时所使用的词汇不相符。如果自己的感情无法正确地表达出来，也很难让对方明白自己的情感，很难与对方产生情感上的共鸣。所以就会产生交不到朋友、无法融入集体、被孤立等一系列问题。

在教育孩子有主见，以及告诉孩子不要任性的过程中，与孩子之间产生情感共鸣是非常重要的。例如问孩子"如果是你的话，别人做了令你讨厌的事，你是什么心情？"如果孩子能很好地表达自己的感受，也就能理解他人的心情了。

通过培养孩子的语言能力，减少其负面情绪

总体而言，一个"可怕的"的 2 岁孩子会在 3 岁时自然安定下来，那时孩子能完全理解语言，并可以用语言表达自己的感受。孩子不会永远这样任性下去，父母要理解孩子处于特殊时期所特有的生理现象，不要发牢骚，这是十分重要的。父母一旦与这一时期的孩子发生冲突，由于孩子反抗的举动，父母也会变得心情烦躁，双方都会变得压力重重，而且孩子的自我肯定感也会受到伤害。

帮助孩子顺利度过 2 岁的秘诀就是，把孩子的"能量"往正确的方向引导。就是说，帮助孩子找到自己喜欢做的事、想要做的事，这样一来孩子就能静下心来投入其中。处于这一时期的孩子想要独立的心情是十分强烈的。父母需要充分为孩子安排他想要做的事情，让其尽可能多地体会成功。这样做也是为了培养孩子的自我肯定感，使他能够成为一个勇于接受新挑战的孩子。

如何摆平不听话的孩子

有很多孩子在别人说话时经常插嘴，想到什么就立刻说出来，只专注于自己想要说什么而忽略别人说的话。直到成年后依然保持着这种坏习惯。

不愿意听别人说话的孩子，在上小学以后有可能会出现学习困难的状况，所以需要尽早解决这一问题。首先作为孩子的榜样，父母要认真地听孩子把话说完，不要对孩子说"到底想说什么啊""把它说明白"，要让孩子以自己的语速把话说完。

年龄小的孩子语言表达能力还不是很好，所以有时候听不懂他们在说什么是很正常的。因此，不要催促孩子，要一边微笑着一边问孩子想要说什么。

在听孩子说话的时候要注视着他们的眼睛，而且要用"嗯嗯""真的吗"等回应，并不时点头，以表示正在认真听他们说话，与他们产生了共鸣。要把孩子当成大人和他们沟通，不要催促他们"快点说"，或者中途打断孩子的话。在聆听孩子说话的时候，与其关注说话的内容，不如把关注点放在"与孩子心灵共通"上。

当父母变得善于听孩子说话时，孩子会变得更懂得怎样表达自己。当孩子知道对方对自己说的话感兴趣时，他们就会非常高兴地说出自己想要说的话。孩子说出自己想法的机会越多，在头脑中整理思路的机会也就越多，其逻辑思维能力也会得到大幅提升。

在母亲和朋友正聊得火热时，孩子偶尔会"妈妈，妈妈"这样吵闹着。这就是孩子在释放"看看我"以及"听我说话"的信号。这时母亲要注意，如果不是在讨论特别重要的话题，要把目光转向孩子，看着孩子的眼睛告诉他："好的，妈妈听着呢。"让他感受到被关注。

善于听别人说话的孩子学习能力强

培养孩子专心聆听的能力可以增强其学习能力。能认真听别人发言的孩子有着足够的专注力和想象力，因此能够理解别人话语中的重要部分。也就是说，能在课堂上认真听讲，抓住老师所说的重点进而增加自己的知识储备。

另一方面，倾听能力差的孩子容易思想开小差、犯困。同时，由于想象力较弱，下课后也完全不记得老师讲了些什么，学习成绩也很难提高。

对于不善于倾听别人说话的孩子，有必要提高他们对语言的认知水平。父母应注意不要使用带有指示、命令、批评、挑剔性质的词语和句子，没有人喜欢听令人生厌的话。如果父母的话语中充斥着指示、命令、指责、脏话，孩子就会对大人所说的话充耳不闻，自行屏蔽。

对于"不听话的孩子"，父母应该停止一切的负面语言，用充满正能量的语言来鼓励孩子，例如感谢的话、赞美的话、认同的话等，一旦这些词汇听得多了，孩子就变得"有闻必录"了。

懂得倾听的孩子和父母的关系也更好。因为足够信任父母，所以愿意倾听父母的话，也能够接受父母说的话。

另外，为了锻炼孩子的倾听能力，给孩子读一些绘本也十分有效。给孩子读绘本时，他们会安心倾听，展开想象力的翅膀，就像看电影一样享受故事。这种对想象力的锻炼也有助于发展其理解能力。

培养孩子的"闲聊"能力

家庭成员间经常聊天可以增强孩子的共情和倾听能力。所谓闲聊，也就是日常中点点滴滴的小事、笑话等，并不会有什么结论。这些没什么实质内容的谈话能让孩子放松心情。

孩子年幼时，父母和他聊的大都是些无关紧要甚至是有些无聊的话题。但是一旦孩子开始上幼儿园，父母就会不停地询问孩子"好好学习了吗""在幼儿园学了什么""和谁一起玩啊"……父母应该适当减少这类询问。至少在吃饭的时候或者是家人团聚的时候不要问孩子这样的问题。聊天的内容应该是开心的事，有趣的事，梦想中的事，有活力的事。如果父母能和孩子保持有趣的交谈，那么孩子的所见所闻就会变得有趣起来。

每天可以由父母带头分享一天中经历的有趣事，例如"今天看到了一个这样的人""今天有这样的事"，于是孩子就会借着话题分享自己的经历。这样就能引导孩子说出自己想说的东西。

实际上，闲聊对提高孩子的学习兴趣也很有效。和孩子讲讲今天在网上或者电视上看到的有趣话题，能够引起孩子对于社会新闻的关注度。

闲聊能培养孩子的倾听能力，提高孩子的沟通能力，并且刺激孩子在学习方面的好奇心。建立起与孩子无话不说的良好关系，是培养优秀孩子的秘诀所在。在一个常常闲聊的家庭里长大的孩子拥有更好的人际关系，学习的动力更足，在学校的生活也更愉快。

幽默感与学习能力的关系

2010年，美国新墨西哥大学以400名学生为研究对象进行了幽默感与学习能力关系的调查研究。通过分析学生填写三帧漫画台词的幽默程度，最后发现幽默感越强的学生学习能力也越强（语言运用能力、推理能力等）。幽默感不仅仅是人际交往必备的能力，也与学习能力密切相关。

实际上，优秀的孩子大多很随和，有着极强的适应能力，在新环境中能很快与周围人熟络起来。这样的孩子当然不是一出生就是沟通达人。

很多人认为沟通能力是与生俱来的，并不需要刻意训练。但事实是，孩子的沟通能力是在与家人的沟通中逐渐形成的。其中与家人共餐意义重大。这时进行的就是"愉快的闲聊"。父母听孩子说说当天经历的趣事，和孩子开开玩笑。这种轻松愉快的聊天方式可以很好地培养孩子的沟通能力。

父母也可以把自己经历的一些小失败当笑话讲给孩子听。例如伤心的事，烦躁的事，生气的事，稍稍转换一下表达方式，幽默地讲述出来。这样孩子在遇到不愉快的事情时，也学会了如何微笑着乐观面对。

相反，如果在吃饭的时候问孩子"作业做完了吗"，孩子就会变得不愿意听父母说话。一边吃饭一边愉快地聊天的家庭，几乎不会在吃饭的时候教育孩子不要挑食。但是如果让孩子觉得餐桌上的对话并不愉快，他们对食物也会失去兴趣。

> 对于"不听话的孩子"父母应该停止一切的负面语言，用充满正能量的语言来鼓励孩子。例如感谢的话、赞美的话、认同的话等，一旦这些词汇听得多了，孩子就变得"有闻必录"了。
>
> 懂得倾听的孩子和父母的关系也更好。因为足够信任父母，所以愿意倾听父母的话，也能够接受父母说的话。

对待不服输孩子的方法

不想输，想成为第一，不想改变自己想法的孩子，在日常生活和游戏中也经常会和别的孩子发生争执，这都会让父母感到头疼。例如在纸牌游戏或桌游中出局就会大哭，直到赢一次才肯罢休，或者经常因小伙伴争抢东西而吵架。

这样的孩子有着坚韧不拔、不服输的性格，如果父母能正确引导，将来孩子很有可能会成为非常有成就的人。事实上，许多顶尖艺术家或者行业中的一流人才，他们小时候都有着"超级好强"和"不服输"的情况。

对付"淘气包"，用表达爱意、表扬他们等普通办法是行不通的。在这种情况下，可以让孩子参加一些竞技类的体育项目或教他们下围棋、象棋等棋类游戏。让他们参加比赛也是不错的选择。让孩子通过比赛，认识到公正公开的竞赛的重要性。教导他们在比赛中遵守规则，努力拼搏，接受自己失败的经历，在遇到挫折后重新站起来。让孩子通过亲身经历学习到人生中重要的道理。

参加比赛就会有输赢。当孩子痛悔输掉比赛，发脾气摔东西的时候，父母也要表现出和孩子一样的不甘心、伤心难过。这样孩子会深受感动，从而增加对父母的信赖，会跟着父母一起商量怎样赢得下一次比赛。

有的孩子想逃避可能会输的比赛，或者不惜作弊也要获得比赛的胜利。这样的孩子可能并不是拥有好胜心，而是自信心不足。父母要多表达自己对孩子的爱，增加其自信心。孩子拥有足够的自信，就不会害怕比赛中的竞争失利了。

这里分享一个小故事。受年长2岁姐姐的影响，从4岁开始就学习网球的有纱（化名），由于在训练中进步迅速，在小学时参加的地方少年淘汰赛中连续夺冠，大家也期待她将来能成为一名顶尖的网球运动员。

有纱的教练是她拥有着丰富网球经验的母亲。母亲抓住了有纱不服输的性格特点，以竞赛为中心为她制订训练计划。母亲对有纱和姐姐的技术动作，例如连续对打、截击、发球等做出评分，然后根据分数来评定胜败。输了的一方将接受短跑10次，俯卧撑10次。起初有纱总是输给姐姐，但因为她不服输的性格，逐渐把胜负变为对半开。

最后有纱参加了全美规模的比赛。进入淘汰赛阶段后,她不得不偶尔向学校请假,但她的学业并没有因此而荒废。因为有纱有着平常人双倍的不服输的精神,在训练的间隙也十分认真地进行着文化课学习。

在高中期间,她还担任了网球俱乐部队长、学校乐队指挥和登山俱乐部部长。此外,她在高三时以优异的成绩获得美国优秀学生奖学金。

有纱成功考入第一志愿的常春藤名校,并且在大学继续练习网球,但是她的目标并不是成为职业网球选手。

有纱在大学进修的是环境工程专业,励志将来成为研制出环保能源的研究人员。有纱在高中参加登山俱乐部时,对环境保护产生了浓厚的兴趣。在网球目标达成之后,接下来就把成为一名研究者作为目标而努力奋斗。

竞争是让孩子进步的阶梯

竞争的目的是让孩子变得强大。胜负固然重要,但比胜负更重要的是把竞争"持续下去"。也就是说无论做任何事情都要坚持,使自己变得更强大。父母可以从以下几点支持孩子:

- 找到孩子能投入"干劲"并持续努力的事（父母曾经体验过的竞技项目能让孩子更容易接受）
- 发掘孩子擅长的一面（特长），并且加以训练
- 培养孩子比周围的孩子更优秀

首先，让孩子做自己喜欢的事或者感兴趣的事。进一步着重培养孩子的优势（身体上、精神上、性格上、功能上）。在此基础之上，培养孩子比其他孩子更加优秀。

例如，如果孩子喜欢足球，在进入足球训练班之前，让他和父亲一起练习一些运球或者传球的技巧，并且发现孩子的优势，比如"踢球力量大"这一优点并加以练习。这样在参加足球训练班的时候，周围的小朋友和教练都会夸奖他"你真有足球天赋"。当孩子被夸奖时，自信心自然暴涨，也会更积极主动地投入训练。

在家里也要注意补充孩子的"干劲"。例如与家人一起观看足球比赛，父母与孩子一起踢足球，读一些足球杂志，充分利用与家人在一起的时光补充孩子的干劲。

竞赛中得到的干劲以及抗打击能力将支撑孩子的整个人生。每个人一生中，总会经历一些巨大的挫折或是失败，在这种情况下，儿时所培养的那份"绝对不能轻易放弃"的信念和继续挑战的精神将会支撑他渡过难关。

当孩子想要退出竞赛（比赛）时的对策

"我放弃了""我不行的"，参加比赛时，常常能听到孩子说出这样的话。这时父母应该冷静地分析孩子的能力和干劲，对他是否应该继续参加比赛做出正确的判断。

如果确实觉得孩子应对不了比赛，就应该考虑让孩子放弃比赛。在比赛中不断失败会令孩子的自信心和优势感都受到挫折。孩子退出比赛的理由几乎都是"不具天赋"。这种情况下如果父母依然执着地鼓励孩子，甚至不惜请专业人士来训练孩子，可能依然无法取得进步，这对他而言是十分痛苦的。如果孩子还留有干劲也就罢了，否则最好让他放弃。

其实选择放弃对孩子来说也是失败的经历。如果这项运动是父母为孩子选择的，要为自己错误的选择向孩子道歉。告诉他："让你参加了不愿意学的兴趣班真是抱歉，从今天开始尊重你的想法。"这样孩子也不会因为中途放弃而伤心、自责。

当孩子想要放弃自己选择的竞技项目的时候，要告诉孩子"选择"的重要性。"是你自己选择要学的项目，现在放弃不后悔吗？那么是放弃呢，还是再努力一次呢？自己好好考虑一下吧。"这样孩子就会冷静下来,听从自己内心真实的想法。

当孩子保持着干劲,或者只要努力就能在某一竞技项目中取得进步的话,一定不要让他轻言放弃。可以让他在家里练习,或者参加高质量的训练班,努力使孩子的技能比其他孩子更出色。

父母需要知道,不服输的孩子有着坚忍不拔的品格。可以让他们参加一些竞技类的体育项目或棋类游戏,在体验输赢的同时,也可以锻炼他们的心理韧性。当然,首先要选择孩子喜欢或感兴趣的项目。

如何帮助交不到朋友的孩子

迄今为止，亚洲各国很少在教育中关注孩子的沟通能力。人们都认为孩子能自然地与别人和谐相处、交到好朋友、帮助他人，与人建立起良好的合作关系，不必特意去教他们人际沟通的方法。

但是近几十年来，社会已经发生了巨大的变化，与不同文化背景和价值观的人进行交流已成为必要。甚至来自同一国家的人，由于成长环境、出生年代以及性别的不同，价值观也不尽相同。无论你从事什么工作，居住在何处，与不同的人接触的机会日益增加。

这样一来，如果不掌握恰当的沟通技能，就很难明白别人的意思，无法真正与人交往，工作也无法顺利进行，从而产生一系列问题。所以为了拓宽孩子的人生选项，让他们无论何时何地都具有与人保持信任关系的沟通能力是非常必要的。

例如，"看着对方的眼睛打招呼"就是其中之一。在国外，路上的行人多会面带微笑，开朗地和你打招呼说"嗨"。这是因为如果板着脸一副不高兴的样子，可能会引起不必要的麻烦。面带微笑就如同对大家说"我是好人""我是安全的"。在各种文化和不同种族聚集的国家中，这种倾向尤为明显。通过分析社交网络上传的1.5亿张照片，笑脸最多的是巴西人。巴西是最早融合了多文化、多民族的国家。

在世界很多国家的文化里，不展现笑容的人无法与人沟通，无法建立良好的人际关系。也就是说，能否以微笑待人，决定了人际关系的好坏。对孩子来说，微笑对他的人格形成也会产生巨大的影响。

与人相处的根本是什么

培养孩子的沟通能力并不难。父母需要做的就是为孩子树立榜样，并教给他们社交互动的规则。例如大方地和人打招呼，看着对方的眼睛说话，明确地表达自己的意思，以及等对方把话说完再发言等。

父母与孩子每天进行无意识的对话，对孩子的沟通能力有很大的影响。为了让孩子更多地表达自己，父母要善于听孩子讲话。不要对孩子说"我很，忙一会儿再说"这样的话，要耐心听他们把话说完。在他们说话时，父母应做到以下几点：

- 要看着孩子的眼睛耐心听
- 不要催促，给孩子足够的时间
- 不要轻视、批评、指正、否定孩子
- 一边听孩子说话一边点头，给予回应，表示同感

孩子都希望自己的想法和心情能与父母的内心产生共鸣，但是他们并不会轻易向父母敞开心扉。孩子有时会害羞或是因为害怕被批评、被反对，以至于无法向父母倾吐自己的想法。因此引导孩子说出他们的真实感受显得尤为重要。重视与孩子日常的闲聊，可以提高孩子的沟通能力。

同样，如果想让孩子成为一个有礼貌的人，那么父母首先要做的就是以身作则，在家人之间也要保持良好的礼仪。如果在日常生活中，全家人都能时刻注意自己的言行举止，那么孩子在耳濡目染之下也能学会礼貌待人。

孩子是模仿着父母长大的，并在父母的言行影响下形成自己的价值观。如果仔细观察父母和子女，就会发现他们的表情、动作、手势、思维方式几乎一模一样。如果父母能起到良好的沟通示范作用，孩子也会具有良好的沟通能力。

父母如果爱说脏话，孩子会交不到朋友

"长大了不要像爸爸那样""爸爸真笨""妈妈什么都不懂""孩子这么没用都是你的错"，这样的互相指责会对孩子的人际关系产生不良影响。

如果父母当着孩子的面互相指责，将会对其产生深远的不良影响。

经常听着骂人的话长大的孩子，容易看不起周围的人。例如对同学说"这么简单的问题都不会""你这么胖真讨厌"等，孩子会习以为常地说出非常无情的话。这样的孩子在学校里很难交到朋友，容易让小伙伴避而远之，更容易被其他同学欺负。

如果父母总是带着不满意的表情和情绪，随意向伴侣或朋友以及学校的老师说脏话，孩子也会认为脏话是被允许的。并且孩子也会瞧不起他的朋友和周围人。

在任何社会中对亲戚朋友的咒骂都是令人发指的，经常说脏话的人等于把自己的耻辱和狭隘的价值观暴露于人，得不到任何人的尊敬。如果发现身边有人经常说合作伙伴、朋友以及老师坏话，请马上远离他。

每当想要说脏话或者发牢骚的时候，注意养成慢慢做

三次深呼吸的习惯。然后想象一下能让自己心情平复的画面或场景。

不自信的人交不到朋友

交不到朋友，并且总是一个人玩的孩子是缺乏自信的。孩子缺乏自信，在与人相处时会表现得慌乱，无法很好地交流。对待这样的孩子即使鼓励他对小伙伴说"我们一起玩吧"也无济于事。问题在于孩子自信心的缺失。

那么在家里就要多让孩子帮父母的忙，让他们更多地体验成功以及被人感谢的喜悦。如果让孩子觉得"我是被妈妈需要的人"，其自信心就会大增，逐渐也能和父母之外的人和平相处。与其解决孩子与朋友之间的关系，不如先加强亲子之间的关系。

也可以让孩子参加一些课外班或竞技项目，通过某一项"特长"增加其自信心。如果孩子某方面的能力超群，有着与众不同的个性，周围的小伙伴也会多起来。届时即使孩子不邀请别人，周围的朋友也会主动靠近他说："我们一起玩吧。"

当孩子因为交不到朋友而找父母倾诉时，父母有可能会发现自己也有着同样的问题。实际上很多为人父母者也不是善于交朋友的人。性格开朗的孩子容易交到朋友，而性格忧郁的孩子很难交到朋友。

与其区分性格，不如先分清自我主张和自我主义的区别。孩子有自我主张说出自己想法的同时也考虑他人的想法，是很正常的，但是自我主义（以自我为中心不考虑对方的立场）会让别人避而远之。

微笑对人格的形成会产生巨大影响，爱笑的孩子通常都有不错的人际关系。

交不到朋友的孩子，很可能是因为缺乏自信，通过不断积累成功体验，将有助于增强其自信心。

如何帮助极其内向、畏首畏尾的孩子

"我的孩子遇到熟人都害怕，不会打招呼，怎么办？""我的孩子畏首畏尾，无法交朋友，怎么办？"每天都会有父母咨询这样的问题。是天生怕见人的孩子增加了吗？当然不是！随着城市化、家庭化、数据化时代的到来，孩子与各个年龄段的人接触的机会逐渐减少，结果导致不擅长沟通，不会交朋友，丧失自信躲在自己的世界里的孩子逐渐增多。

极端腼腆的孩子、怕生的孩子、畏缩不前的孩子的共同点就是对父母的爱意"感受不足"。在本书中反复提到，即使父母是对孩子充满爱意的，但如果孩子没有真正感受到来自父母的爱，或是感受中有偏差，就无法培养出自我肯定感。请在孩子害怕和担心的时候增加一些亲子的肌肤接触吧，让孩子感受到被爱！

作为孩子出生后首先接触到的人，如果父母都无法和孩子建立起彼此信赖的关系，那怎么可能指望他能和其他人建立起信赖关系呢？当外界环境变化或习惯的事物发生变化时，孩子也会感到异常不安。于是他们总是离不开父母，无法独立生活。

孩子需要足够的"勇气"才能离开舒适的家来到外面的世界，并与家人之外的人交朋友。感受不到父母保护的孩子通常非常胆小，所以总是回头确保父母还在身边。如果父母不在周围就会感到非常害怕，以至于迈出小小一步的勇气都没有。

深信自己被父母深爱的孩子会非常确信"妈妈会保护我的""发生什么事爸爸都会帮我"，所以他们充满了勇气，能勇敢地走向外面的世界。

不要忽视孩子缺少爱的信号

缺少爱的孩子一定会发出信号。例如"我不想去学校"的牢骚，吮吸手指，尿床，痉挛，经常有反抗情绪或者表现出反常情绪，这些都是缺少爱的表现。这时父母应该和孩子多亲热亲热，比如陪孩子一起睡觉，多抱抱他等。无论是2岁还是10岁，孩子得到母亲的拥抱时都会露出喜悦的表情。如果他确信自己被深爱着，内心充满了爱意，自然会拥有面对环境变化的勇气。

仅仅因为孩子太害羞怕见生人而强迫其进入集体社会是行不通的。这只会导致孩子被孤立，他们会感到更孤独。增加孩子"被爱着的感受"的最佳方法就是肌肤接触。欧美人深知这一点，看到孩子感觉害怕的时候就会抱抱孩子，亲吻孩子，轻抚孩子的后背，通过增加与孩子的肌肤接触以消除他们的恐惧。

孩子害怕见生人的问题，通过增加肌肤接触的方式，大部分情况都会改善。当孩子做事拖拖拉拉或者撒娇的时候，也是增加与孩子肌肤接触的好时机。把孩子拉到身边，紧紧抱住他说："最喜欢你这个撒娇的小鬼了！"要记住最后亲吻一下孩子。

但时刻都和孩子黏在一起也不好，要掌握好与孩子相处的尺度，让他们正确地体会父母的爱意。

想让孩子有勇气离开父母，就要让其充分地信赖父母，增加肌肤接触，告诉他们："无论什么时候，妈妈都是和你站在一起的。"这样的方法可谓百试不爽，父母一定要牢记。

获得更多来自他人的感谢

对待极其内向的孩子，要让他们多做一些家务，帮他们积累更多的成功体验和来自他人的感激之情。虽然大家都明白与其让孩子帮忙，不如父母自己做效率更高，但也要让他们尽量帮忙。

前文已经提过，多让孩子做家务，会让他们获得更多被感谢的机会。通过成功帮父母做家务而积累了成功体验，并且得到了带有感谢的表扬，将大大提升孩子的自我肯定感和责任感。当他们踏入社会后，这样的责任感将会转化为担负社会责任的力量。

对孩子来说，帮忙是一种积累社会经验的方式。不仅可以让他们通过自己的力量帮助他人，体会到被人感谢的快乐，而且能锻炼语言能力、思考能力、专注力和沟通能力。

需要注意的一点是，让孩子帮忙做家务的根本目的是积累"成功经验"，而不是让他做一些难度大的、容易搞砸的家务。请一定要从孩子力所能及的范围内开始，逐步增加难度。

平时可以让孩子帮忙扫扫地或洗简单的衣物,也可以让他们一起照顾宠物或者弟弟妹妹。通过亲子之间的边交流边做家务,不但增进了亲子感情,也激发孩子对知识的好奇心。

各个年龄段适合孩子做的家务举例

年龄	可做家务
1~2岁	扫地、放置筷子、收拾玩具、扔垃圾(扔进垃圾桶)
3~4岁	扫地、擦玻璃、擦桌子、收拾房间、掸灰、饭后收拾餐具、洗盘子、淘米、叠衣服、扔垃圾
5~6岁	打扫卫生间、吸尘、倒垃圾、削蔬菜皮、焖饭、打鸡蛋、洗餐具、擦拭餐具、晾衣服、叠衣服

极端腼腆的孩子、怕生的孩子、畏缩不前的孩子的共同点就是对父母的爱意"感受不足"。感受不到父母保护的孩子非常胆小,所以总是回头确保父母还在身边。增加孩子"被爱着的感受"的最佳方法就是肌肤接触。

对孩子来说,帮忙是一种积累社会经验的方式。让孩子帮忙做家务的根本目的是积累"成功经验",而不是体验失败。

如何安抚有暴力倾向的孩子

有的孩子当遇到自己讨厌的事情或不如意时,会发脾气大喊大叫、敲墙、扔东西。有类似这些行为的孩子被称为有暴力倾向的孩子。

导致暴力的原因有很多。年龄小的孩子,由于语言能力有限,无法完全表达自己的感情而发脾气的情况很多。在这种情况下,首先父母要学会共情。和孩子交流时,要以感受到孩子的为难、烦躁为前提。如果问孩子"不要紧吧",即使是大人也很少会回答"我现在不大好"。不如问孩子"有什么困难吗""你为什么这么烦躁"这类引导性的问题,这样他才可能坦诚地告诉你他的感受。

并且在倾听孩子说话的时候,做个完全的倾听者非常重要。在听孩子说话的时候,父母心里会涌现出各种感受,但要注意暂时收起自己的观点或是价值观,认真倾听孩子讲述。打断孩子的话或是否定他的感受,只顾表达父母自己的看法是最糟糕的应对。要做到完全接受孩子的感受

（并不是说父母就必须同意他的说法），用"原来是这样啊"表达共鸣。

在"听取"了孩子的讲述之后，接下来要做的就是"谈话"。问问孩子想要什么，为什么想要这个东西，让他自己选择接下来应该做些什么，怎么做。如果孩子还无法用语言很好地表达自己的感情或想法时，父母应该耐心引导他向"忍耐""不胡闹""不吵闹"的方向转变。

暴力是绝对不被允许的

孩子对自己的主张充满热情是非常伟大的事情。但是要注意他们的自我主张中有没有考虑到别人的感受，有没有转化成任性。即使年纪再小的孩子也是家庭和社会的一员，如果这种主张给他人带来麻烦，甚至可能造成危害，就必须坚决反对和制止。

首先，不能靠发牢骚或使用暴力来表达自己的主张，必须用语言来表达。如果孩子情绪比较激动，可以温柔地安抚他，抱抱他，让他冷静下来。接下来，用温柔的语气告诉他："牢骚和暴力不能让对方明白你的想法，而且粗鲁的孩子也会被小朋友讨厌。不考虑别人的想法是非常任性的表现。"注意，一定不要用生气的口气表达。

当孩子有暴力倾向时，所有家庭成员的态度和言行都要保持一致，告诉孩子暴力是绝对不被允许的，这一点非常重要。

另外要注意避免让孩子发脾气的情形。如果孩子学习压力过大，可以考虑稍微减少学习时间让他多玩一会儿。父母要把握孩子发脾气的阈值，努力营造让他感到舒服的环境。

通过运动或跳舞等缓解压力

爱发脾气、爱发牢骚抱怨的孩子很可能是由于压力过大造成的。孩子在幼儿园或课外兴趣班受各种规矩束缚，很多情况下隐忍不发，长此以往就会因为压力过大而变得闷闷不乐。

为了让孩子释放压力，父亲应该尽量带孩子到户外玩。一起做做运动、远足，或者仅仅在户外跑来跑去就能释放压力。

如果孩子想要扔东西，父亲可以耐心地和他玩一些投接球的游戏。如果孩子想要踢东西，父亲就和他踢足球。如果孩子想要打人，可以带他参加搏击等课外兴趣班，让他尽情踢打沙袋。

很多案例表明，让孩子参加舞蹈课外班也能缓解他们的压力，减少发脾气的情况。成年人可以通过跳舞和大声歌唱来释放压力，孩子也一样。与朋友一起发疯（跳舞），对他们来说也是非常快乐的体验。

过去，孩子们可以在空地上追逐嬉戏，爬树，在广场上打闹玩耍。那时的孩子有着可以任意玩耍的时间，可以肆意喧闹的地方，但这一切都已经一去不复返了。现在已身为父母的这一代人，也缺少在孩提时代和朋友肆意嬉闹玩耍的经验，恐怕连他们自己也不知道该如何缓解压力。

请父母找一个地方让孩子运动、跳舞、唱歌、体验自然，让他们一边享受和同伴疯玩的快乐，一边释放压力。孩子们通过与家人之外的小伙伴一起活动身体，在变得更加自律的同时，也增长了社会经验。

接受和纵容的区别

正确接受孩子的暴力倾向，正面引导，可以纠正孩子的暴力倾向。但是一旦纵容孩子的言行，暴力行为就会变本加厉。

接下来先总结一下接受和纵容的区别。接受就是承认孩子具有暴力倾向，纵容则是对孩子的言行百依百顺。

重点是要向孩子传达"你是妈妈的宝贝""无论发生什么,爸爸都跟你站在一起"这种表示接纳孩子的信息,并且与孩子建立相互信任的关系。与此同时,作为社会的一员,必须坚定地告诉孩子"不要做令周围人讨厌的事"。

接受与纵容的关系,与自我和任性的关系也有共通之处。可以接受孩子坚持自我,但暴力行为会影响他人,是绝对不能纵容的。

为了区别接受和纵容,应该明确家规和家庭的伦理道德观。如果父亲严厉地让孩子改正,母亲却选择纵容,孩子是改不掉暴力处世的。所有家庭成员都要遵守同一个准则——"绝对不允许暴力"非常重要。

只有所有家庭成员完全理解孩子容易发牢骚或急脾气的性格,并正向引导,才能够让孩子的优势得到充分发展,同时又不会让他干扰到周围人。

有的孩子遇到自己讨厌的事情或不如意的时候，就会出现发脾气、大喊大叫、扔东西、打人等行为。在这种情况下，父母要学会共情，认真倾听孩子的内心。

在劝诫孩子的时候，全家人言行保持一致很重要。

第七章

创造提高自我肯定感的环境

用孩子的照片、作品、奖杯装饰房间

通过提问,激发孩子独立思考

选择适合孩子的环境

调整生活习惯,在大自然里玩耍

用孩子的照片、作品、奖杯装饰房间

使用记录孩子成长以及努力姿态的照片来装饰房间，能以肉眼可见的方式向孩子传达父母的爱。

欧美很多国家有用孩子或家人的照片装饰房间的习惯，用家人的照片来装点办公室也很常见。这一习惯在加深亲情纽带的同时，也提高了孩子的自我肯定感。

用照片装饰房间的好处

东京理科大学筱原菊纪教授和东京艺术大学岩立京子教授的研究结果显示，通过用孩子的照片装饰房间，可以提升孩子的自我肯定感。

用孩子的照片装饰房间比没有用孩子的照片装饰房间，生活在前者家庭的孩子回答"父母深爱着自己""自己有优点""喜欢现在的自己"的比例更高。可以看出，用照片装饰房间与自我肯定感存在相关性。

接下来，通过让平时不用照片装饰房间的32组家庭中，用孩子的照片装饰3周，对其意识和行动等变化进行比较，结果显示，选择"对自己很满意""喜欢现在的自己"等项目的人数比例明显提高，可见，孩子的自我肯定感从整体来讲有大幅提升。

另外，在上述调研中对体验了"照片装饰"的16名小学生以及没有体验的8名小学生进行了大脑活动测试比较。结果显示，当看到自己的照片时，前额叶皮层区即被称为人感觉到"舒服"的脑部区域产生兴奋。日常生活中看到自己的照片，回忆起拍照时的情景会令人感到心情舒畅，能提升自我肯定感。

另外，"照片装饰"的孩子和没有装饰的孩子相比，额叶的右侧附近活跃（这里是关于空间认知工作记忆的部分），孩子通过唤起记忆，带着对自己照片的浓厚兴趣，仔细观察自己的照片。

不擅长表扬或鼓励孩子的父母，建议用孩子第一次骑自行车的照片、努力爬上单杠的照片或是取得某种成就的照片来装饰房间。父母和孩子一边看照片，一边说"这时候真开心啊""会骑自行车了，真高兴啊"，这样就可以在自然的谈话过程中表扬孩子，特别是他努力的样子。这种充满爱意的对话可以极大地提升孩子的自我肯定感。

选择照片的关键是要展示出孩子沉浸在某件事中的样子，或孩子取得某种成就的样子，或孩子成长的样子（例如幼儿园的入园仪式等），家人可以一起感受到当时的快乐情景。

在有兄弟姐妹的情况下保持公平是非常重要的。哥哥姐姐比弟弟妹妹先出生，照片理所应当会多一些。当弟弟妹妹表达不满"我的照片这么少"的时候，父母要告诉他："你看姐姐都这么努力了！你今后也努力的话，也会有很多照片的。"

在用照片装饰房间的时候，应考虑挂在卧室的墙壁上等孩子日常经过的地方，关键是要考虑到孩子的视线高度。孩子喜欢的照片应配上可爱的相框，让他有一种"特别"的感觉。并且照片不要万年不变，要注意定期更换。

对于父母来说，用照片装饰房间的好处还在于，可以见证孩子的成长，回归自己养育孩子的初心，认可了努力培养孩子的自己。

用孩子的作品、奖杯等装饰房间

把孩子在幼儿园或者课外兴趣班里完成的作品摆放在家里显眼的位置，能显著提升孩子的自我肯定感。例如，用相框裱好孩子画的画，然后摆放在显眼的位置。只是这么一个简单的举动就能让孩子亲身感受到"自己很重要""自己是被称赞的""自己很有价值"。

孩子在体育比赛或音乐大赛中获得的奖杯或奖状，也可以作为家居装饰摆在家里显眼的位置。用书架的一角或起居室的一部分作为孩子的"努力展览馆"。奖杯和奖状越来越多是孩子努力的最佳证明。孩子每天看着它们，对自己的肯定感也油然而生。

这个方法的好处在于，那些举目可见的奖状或作品会一直提醒他，"你总是很努力"。孩子每次看到自己的奖状或作品时，都能回想起自己的努力和成就，则会大大增加他的自信心。

把孩子的作品、奖杯等放在家里最显眼的地方，到家里做客的亲戚朋友看到了也都会夸赞"孩子画得真好啊""孩子很厉害呀"。被父母之外的成年人表扬，能大大提升孩子的自信心。

虽然语言上的表扬和感激之情能提升孩子的自我肯定感，但是作为家居装饰的奖状和作品能从视觉上让孩子觉得自己被爱着、被重视着。

当孩子在某些方面取得了一点进步时，可能很多父母并不会记得，会忽略孩子付出的努力。于是，当孩子取得的进步达不到父母的期望时，他们会产生很大的压力。为了回避这一问题，推荐打造一个一目了然的"努力展览馆"，一起记录孩子成长过程中努力的痕迹。

每一个孩子在刚开始学习新东西时大都会表现得不尽如人意，但是通过不懈努力，会渐入佳境。当然，并不是说用孩子的作品、奖杯等装饰房间，立刻就能提升他们的自我肯定感。但这样做可以告诉孩子，父母一直都在支持着他，深爱着他，重视着他。这就是"努力展览馆"的价值所在。

用孩子的照片、作品、奖杯等装饰房间，能很好地向孩子传达父母的爱。

每次看到自己的照片、作品、奖杯时，孩子很容易回想起自己的努力和进步，这将大大地提升其自我肯定感和自信心。

通过提问，激发孩子独立思考

从小就自己思考，自己决定，并付诸行动的人，大都很有主见，有着积极向上的性格。因为累积了足够的"自己决定的事情自己能做到"的成功经验，即使面对困难，也相信自己一定能挺过去。

因此，如何培养孩子独立思考，也是父母的必修课。通过提问激发他们积极思考，就是一个不错的方法。

提出没有正确答案的问题（开放式问题）

能用"Yes/No"回答的问题被称作封闭式问题，反之则被称作开放式问题。为了锻炼孩子思考的习惯，建议父母多提一些开放式问题。

例如"今天在学校开心吗"这样的问题，可以用"Yes/No"来回答，属于封闭式问题。对话有可能随着孩子回答"是的""还行"而结束。而"能跟我分享今天课堂中学到的最有趣的知识吗""能告诉我休息时间做什么最开心吗？"

类似这样的问题，孩子就必须唤起记忆，并用语言来描述说明。

关键是要以"开心的事""积极的事"作为话题。如果和孩子聊的是"在学校有什么讨厌的事吗""告诉我你的伤心事吧"这样消极的话题，孩子会逐渐变得不想说话。谁都不愿意回忆不开心的事。

当父母问孩子一些积极的开放式问题，与孩子聊天的气氛就会活跃起来。能让孩子既乐在其中又充分地思考问题。以下介绍几种开放式问题，一定要和孩子尝试一下。

没有标准答案的问题，让孩子思考的同时，也让他了解了自己的好恶和价值观。

"如果停电的话最担心的是什么？"

"怎么向没见过熊猫的人解释什么是熊猫？"

"怎么向没用过网络的人解释什么是网络？"

"世界上最重要的工作是什么？你想做这份工作吗？"

"在视觉、听觉、味觉、嗅觉、触觉中，只能选择一个的话，你选哪一个？"

"一个人在家的时候，如果强盗进来了要怎么办？"

选择适合孩子的环境

在决定送孩子去幼儿园或兴趣班时,有些父母会尊重孩子的意见。但由于缺乏知识和经验,孩子对自己的强项和擅长的事并不了解,可能无法做出正确的选择,在未经深入思考下,按心情随意做出选择。父母一定要注意。

孩子的学前教育和课外兴趣班的决定权,我个人认为应该握在父母手里。这些是左右孩子自我肯定感的重要选择,所以父母要慎重选择与孩子性格相符的环境。关键是父母不要单方面做决定,要花功夫引导孩子做出正确的选择,让孩子觉得这是他自己的选择。

实际上,让孩子清楚地意识到自己对于父母做出的决定拥有选择权是极其出色的育儿方法。这样的父母会给孩子先确立一个方向,再告诉孩子可以自己决定,让孩子自己选择,帮其养成自主行动的习惯。

作为父母,应该知道孩子适合什么样的环境和氛围。应该结合孩子的喜好,选择双方都满意的兴趣班或幼儿园,然后带孩子一起参观见习。这样孩子更容易做出"我想去这里"的决定。

选择幼儿园是非常重要的。幼儿园是集体生活的开始，是否适应幼儿园的生活与孩子自我肯定感的建立有很大关系。父母应该充分考虑孩子的性格及心智的发展状况，寻找适合孩子的环境。如果最开始上学的经历是开心的，孩子会逐渐喜欢上学校，将来的学习和人际关系也会更顺利。

相反，如果最开始的经历很糟糕，在学龄期会产生对学校的不信任感。孩子喜欢学校或讨厌学校，很大程度上取决于他们对老师、同学和学校氛围的印象。

考验父母的选择能力

随着社会的多元化，有特色的幼儿园和课外兴趣班逐渐增多。虽然选项增加会让人觉得"丰富"，但有研究表明，选项过多会降低人的幸福感。

选择研究第一人，哥伦比亚大学教授希娜·亚格尔（Sheena Lyengar）教授表明："选项过多的弊端是非常大的。当选项过多时，人们就变得无法判断，最终可能放弃选择。另外，即使客观上做出了正确的选择，最后也会对自己的选择不满意。"

美国宾夕法尼亚州斯沃斯莫尔学院社会理论和社会活动教授巴里·施瓦茨博士曾说:"选项的增多让人们的幸福感下降。由于背负着不能选错的压力,个体会一直在意自己没有选的那一项,并后悔当初的决定。并且在选项增多之后,因对选择的事物期待值增高,最终导致无论选择什么,都无法满足自身的需要。"

选择学校和课外辅导班或兴趣班也是同样的。看似对于孩子来说选项非常丰富,但是很多父母在众多选项中,无法选出最适合孩子的环境。

父母认为孩子需要提升思考能力,英语也需要,编程也需要,沟通能力也需要。于是让孩子一个接一个地去参加课外兴趣班,结果全都半途而废。很多孩子因此而失去了信心。

从众多的选项中为孩子做出选择之后,父母会认为"孩子得到了最好的教育",并因此对孩子抱有很高的期望。当现实结果与父母的期望产生差异的时候,很多父母都会后悔自己当初做出的决定。

所以在为孩子选择兴趣班或幼儿园的时候,父母要排除那些没有必要的多余信息,把关注点集中在孩子的性格是否符合环境、孩子的优势能否得到发挥等方面。

父母在养育孩子的过程中，一定要为其提供或选择适宜的环境，即与孩子性格、特点、优势相融的环境。

调整生活习惯，在大自然里玩耍

2019年日本国立青少年教育振兴机构以小学生、中学生为研究对象进行的问卷调查显示，养成自主性、积极性、协调性等自立性行为习惯的孩子自我肯定感很高。

"早上自己刷牙洗脸""早上自己吃饭""与家人打招呼"等条目中，符合条目多的孩子的自我肯定感明显比符合条目少的孩子高。

调查结果还显示，就寝时间晚（睡眠时间短）的孩子，更容易焦躁且自我肯定感低。不规律的生活习惯让孩子的精神状态不稳定，降低其学习积极性和自我肯定感。要想调整孩子的生活习惯，首先要做到早睡早起。并且严格控制吃饭的时间，注意尽量保持一天的生活在平缓、有序中度过。

其中尤其要注意孩子的睡眠时间。睡眠是孩子心灵和身体的加油站。睡眠不足可引起孩子精神状态不稳定，会对其学业和人际关系造成不良影响。以下为各年龄段的标准睡眠时间：

让难以入眠的孩子睡个好觉

年龄	睡眠时间
0～3个月	14～17小时
4～12个月	12～15小时
1～2岁	11～14小时
3～5岁	10～13小时
6～12岁	9～11小时
13～17岁	8～10小时

随着年龄的增长，孩子将更多地在集体中生活。孩子在集体环境中受到的压力比在家里感受到的大好几倍。作为父母要读懂孩子的心事，帮其缓解从学校带回的压力。

孩子回到家告诉父母"今天和朋友吵架了"，这时应该安慰他"是吗，那真是糟糕。妈妈从前也有过和朋友吵架的经历"，以表达与孩子的共鸣，并且要温柔地拥抱他。这样就能减轻他的精神压力和负担。

父母还要注意，即使是孩子犯了错，也不要过于追究原因和结果。要多倾听孩子讲话，并且温柔地表示理解。

现在，成人社会的逻辑也侵袭着孩子的世界，竞争和歧视，输赢得失的算计，同样把压力和麻烦带给了孩子。孩子们晚上因为不安而睡不着也不是没有道理的。

想让孩子睡个好觉？最好的办法就是调整其生活节奏。如果孩子是早上8点上学，那就为他预留出8点之前做起床准备和吃早饭的时间，然后以此计算出孩子的起床时间。当规定了起床时间，根据对应年龄的睡眠时间，晚上就寝的时间也就确定下来了。接着，为了让孩子在规定时间就自然犯困，则必须调整其白天的活动时间。

在就寝前2小时，就逐渐地让孩子放松精神，禁止看电视、玩游戏等令人兴奋的活动。如果能抽出时间和父母在床上悠闲地读绘本，大部分孩子都会很快睡着。与父母在被窝里放松地读故事书、聊天，能让孩子紧张的身心得以放松并舒适地进入梦乡。

体验大自然

日本国立青少年教育振兴机构的调查还显示，拥有丰富自然体验的孩子自我肯定感更高。

例如"观察野生鸟类""采集贝壳或钓鱼""爬树"等与大自然亲密接触的经验越丰富的孩子，调查中回答"自己有个人的特点""喜欢这样的自己"的比例更高，也更愿意展现自己的正义感:"如果发现朋友有什么坏毛病,便帮助他改正""公交车上遇到身体不方便的人会主动让座"。

体验大自然的好处不止于此。在大自然中玩耍,能让孩子在忘我的玩乐中提高专注力;在犯错后努力设法改正的过程中锻炼想象力;为了维系与父母和朋友之间的关系,孩子获取信息的能力和语言表达能力都得到了提高。

体验大自然能锻炼孩子解决问题的能力。孩子去野营的时候可能需要支帐篷、捡柴火、生火、采摘野菜、做饭等。在有限的物料中,与朋友一起想办法解决问题,能让孩子觉得"我能帮助别人""我是有用的人"。

这时如果父母帮孩子完成支帐篷、捡柴火、生火、做饭等工作,就没有任何意义了。为了培养孩子解决问题的能力,"交给孩子做"是非常重要的。即使孩子做的饭并不好吃也没关系,至少可以在失败中学习。告诉孩子"下次我们要做得更好吃"。和孩子一起分享快乐,开怀大笑的亲子关系才是最重要的。

孩子在户外玩耍或体验大自然的时候,父母的参与方式至关重要。父母要少插手、少插嘴,放心地交给孩子来做。

参加夏令营，体验集体生活

一到暑假，很多美国父母就让孩子参加夏令营，其实就是各地聚集起来的孩子在大自然中度过数周的集体生活。

离开父母的陪伴，所有的事都需要自己做，这种经历能促进孩子自立，增强其自信心和责任感。如果连打扫卫生、洗衣服、做饭这样的"小事"都做不好，那么和同营的小伙伴就无法愉快地生活了。通过体验集体生活，孩子能逐渐学会自立和协作。

在夏令营里一没电视，二没游戏，三没网络。要想在大自然中享受生活，就需要与朋友一起想办法创新。可以和朋友一起在大自然中玩耍，用木头或树枝制作玩具，在玩耍中激发创造力和想象力。

在学校里，学习不好往往就得不到其他孩子的尊重，但在大自然中，所有的孩子都有机会成为主角。这并不是说要和其他孩子做比较和竞争，而是让每个孩子自由地尝试各种各样的事情，互相关怀，互相指导，从而了解真实的自己和朋友。

每个孩子都有自己的特点,成长方式也各不相同。正因为通过集体生活互相认可各自的不同,他们才能充分发挥自己独特的才能。为了发挥自己的特色,与朋友切磋讨论,尝试各种办法,提出创意。这种经历是很珍贵的。

现在,越来越多的孩子一个人闷在家里上网打游戏。在人际关系逐渐淡漠的现代社会中,父母一定要为孩子提供与他人合作、增进人际关系的环境。

生活能自理的孩子,自我肯定感普遍较高。从小就自己思考、自己做决定的人,大都有着积极向上的性格。

多让孩子接触大自然,在忘我的玩耍中,其专注力、语言表达能力和解决问题的能力将得到极大的发展和提高。

结束语

感谢您读到最后。人们常说,这是一个前途不明的时代,也是一个育儿难的时代,但是不管世界怎么变化,育儿的诀窍始终如一,亘古不变,那就是"向孩子传达爱"。

如果孩子能切身感受到来自父母的爱,让自我肯定感在内心生根发芽、变强变壮,无论在未来道路上遭遇怎样的困难与逆境,孩子都能坚强勇敢地克服、超越。

以前,女性的育儿诀窍由姥姥传给妈妈再传给女儿,这样世代相传。由于近年来急剧发展的全球化,欧美育儿思想的流入,再加上经济至上主义、效率至上主义的价值观,社会结构发生了翻天覆地的变化。在育儿中最为重要的"传达爱的方法"也变得模糊不清了。

除此之外,人们还强调在育儿时叠加英语能力、计划能力、思考能力、沟通能力等新技能(智力教育)的重要性。这给孩子和父母带来了巨大的压力和负担。现在的孩子背负着极大的智力教育和过度竞争带来的双重压力。

当代世界教育的最大问题是"智力"与"心灵"的不

平衡。孩子的"心"因无法承受高速增长的智力教育所带来的重压，苦不堪言。当然，智力教育本身并不是坏事，对任何人来说都是必要的。因此，要想解决这个问题，就必须着眼于培养孩子强大的内心上。

首先，请实践本书中阐述的"传达爱的方法"，<u>增加舒适的肌肤接触，向孩子传达被爱着的真实感。其次，请孩子帮助父母，让孩子体验成功与被感谢的喜悦。</u>只要能做到这两点，孩子内心就会充满"被父母爱着，被接纳"的自信。这就是建立了良好自我肯定感的孩子应有的状态。

但这里必须注意的是，如果对孩子已经积累的"被父母爱着，被接纳"的自信放任不管，这种自信会凋谢。为了不让这种自信萎缩，父母必须向孩子的内心不断补充爱。

孩子感到缺乏爱，大都出现在固定的时间阶段，即生活环境发生巨变和被迫改变习惯的时候。具有代表性的事件有：开始自己上厕所，断奶，弟弟妹妹的诞生，上幼儿园、上小学等。孩子可能会因为这些变化而变得不安，丧失自信。

当孩子感到强烈不安时，一定会有具体的外在表现向父母传递信号，如眨眼睛、咬指甲、缠着父母、举止奇怪、发脾气，这些"撒娇"或"叛逆"行为都是孩子在诉说着内心的不安。父母一定要捕捉到这些信号，用"好了好了，最爱我们家的撒娇鬼了"这类语言来回应孩子，接纳他，并及时给他补足爱。孩子由此内心充实、自信满满，在自立的道路上坚定地迈出脚步。

能让孩子内心变强大的是父母的爱。虽然其他人也能向孩子传达爱，但这样的爱是不充分、不全面的。因此父母才是向孩子输送爱的主力军，是满足孩子内心的关键。

衷心希望能有越来越多的父母实践本书所介绍的培养孩子自我肯定感的方法。如果本书对大家育儿能有所帮助，是我无上的光荣。谢谢！

船津徹

人终其一生都在不断追求"三感"——安全感,价值感,归属感!

不管社会怎么变,培养自我肯定感强的孩子,是亘古不变的育儿法则。而这也是打造"坚强之心",在竞争型社会中脱颖而出的秘诀。

图书在版编目(CIP)数据

世界标准育儿法：进阶版 /（日）船津徹著；李佳莉，高原译 . — 北京：中国轻工业出版社，2020.10
ISBN 978-7-5184-3002-4

Ⅰ . ①世… Ⅱ . ①船… ②李… ③高… Ⅲ . ①儿童教育—家庭教育 Ⅳ . ① G782

中国版本图书馆 CIP 数据核字（2020）第 082896 号

责任编辑：付 佳
策划编辑：付 佳 翟 燕 责任终审：张乃柬 封面设计：赵京文
版式设计：赵京文   责任校对：朱燕春 责任监印：张京华

出版发行：中国轻工业出版社（北京东长安街 6 号，邮编：100740)
印　　刷：艺堂印刷（天津）有限公司
经　　销：各地新华书店
版　　次：2020 年 10 月第 1 版第 1 次印刷
开　　本：720×1000 1/16 印张：15.5
字　　数：250 千字
书　　号：ISBN 978-7-5184-3002-4 定价：49.80 元
邮购电话：010-65241695
发行电话：010-85119835 传真：85113293
网　　址：http://www.chlip.com.cn
Email：club@chlip.com.cn
如发现图书残缺请与我社邮购联系调换
200470S3X101ZYW